U0936842

珍藏本·增订本
纪念版

汉译世界学术名著丛书

法源

——权力、秩序和自由

〔法〕莫里斯·奥里乌 著

鲁仁 译

商务印书馆
SINCE 1897
The Commercial Press

Maurice Hauriou

AUX SOURCES DU DROIT

LE POUVOIR, L'ORDRE ET LA LIBERTÉ

中译本参照法国卡昂大学“政治与法律丛书”1986年版译出

汉译世界学术名著丛书
（120 年纪念版・珍藏本）
增订本出版说明

2017 年 10 月，为纪念商务印书馆创立 120 周年，本馆推出“汉译世界学术名著丛书”（120 年纪念版・珍藏本），计七百种。近五六年来，仰赖学界同人倾力支持，订正旧译，增补新译，拓展新著，积累日多。为满足读者需要，本馆在七百种的基础上，继续推出“汉译世界学术名著丛书”（120 年纪念版・珍藏本・增订本）三百种。至此，“汉译世界学术名著丛书”累计出版已达千种。

今后，本馆将继续推进丛书的翻译出版工作，在积累单本名著的基础上陆续分辑刊行，汇印出版。为促进中外文明互鉴、推动我国学术发展，使“汉译世界学术名著丛书”这项对我国学术文化有基本建设意义的重大工程发挥更大作用，诚望海内外学术界、翻译界继续给予支持，帮助我们把这套丛书出得更好。

商务印书馆编辑部

2024 年 2 月

汉译世界学术名著丛书
（120 年纪念版 · 珍藏本）
出 版 说 明

2017 年 2 月 11 日，商务印书馆迎来 120 岁的生日。120 年前，商务印书馆前贤怀揣文化救国的理想，抱持“昌明教育，开启民智”的使命，立足本土，放眼寰宇，以出版为津梁，沟通中西，为中国、为世界提供最富智慧的思想文化成果。无论世事白云苍狗，潮流左右激荡，甚至战火硝烟弥漫，始终践行学术报国之志，无改初心。

迻译世界各国学术名著，即其一端。早在 20 世纪初年便出版《原富》《天演论》等影响至今的代表性著作，1950 年代后更致力于外国哲学和社会科学经典的译介，及至 1980 年代，辑为“汉译世界学术名著丛书”，汇涓为流，蔚为大观。丛书自 1981 年开始出版，历时三十余年，迄今已推出七百种，是我国现代出版史上规模最大、最为重要的学术翻译工程。

丛书所选之书，立场观点不囿于一派，学科领域不限于一门，皆为文明开启以来，各时代、各国家、各民族的思想与文化精粹，代表着人类已经到达过的精神境界。丛书系统译介世界学术经典，引领时代思想，为本土原创学术的发展提供丰富的文化滋养，为推动中国现代学术和现代化进程做出了突出的贡献。

为纪念商务印书馆成立120周年，我们整体推出“汉译世界学术名著丛书”120年纪念版的珍藏本，寄望既利于文化积累，又便于研读查考，同时向长期支持丛书出版的译者、编者和读者致以敬意。

两甲子后的今天，商务印书馆又站在了一个新的历史时间节点上。我们不仅要铭记先辈的身影和足迹，更须让我们的步伐充满新的时代精神。这是商务人代代相传的事业，更是与国家和民族的命运始终紧密相连的事业。我们责无旁贷，必须做好我们这代人的传承与创造，让我们的努力和成果不仅凝聚成民族文化的记忆，还能成为后来人可以接续的事业。唯此，才能不负前贤，无愧来者。

商务印书馆编辑部

2017年10月

目　　录

上编　法的基础　自然法的原则

下编　法的生命　人为法的形式

上　编

法的基础
自然法的原则

第一章　自然法与德国[1]

数百年来，德国人总是装出一副拥护自然法的样子，一度传 13
播、吹捧、霸揽自然法。实际上，他们是自然法最凶恶的敌人。最近他们扔掉了假面具，却又公然否认。应当说，自19世纪起，他们就背叛了自然法，使之滑入歧途，渐次变得空洞无物了。

有必要写出这段历史，因为，我们协约国正在为正义和自由而战；我们应该明白，永存不朽的自然法大旗，正是由我们高举着，正是我们在努力使之回归正道。

（一）自然法的基本前提是，至少用于解决当今世界冲突的基本前提是：人类有一个普遍的、永恒的正义理想；幸赖于此，法才未与暴力相混同。法利用暴力来实施制裁，有时还要改造凭借暴力创设的某些机构；法之所以能够改造它们，正是因为法与暴力不同。

正义的理想以自由为基础，也可以说，以悲观论的个人主义为基础。个人是第一位的，社会是第二位的，因为社会不过是为个人

① 这是作者1918年9月25日通信的摘要。一看写作日期，编者就知道，时值兵荒马乱，本文可能在科学性上不像作者的其他著作那样无可挑剔。尽管如此，编者觉得，此文十分重要，且甚具个人特色，不应忽略。

谋幸福的一种工具。但是，这一工具是不可或缺的，因为个人是会
14 犯错误的。为了个人的自由，尤其是为了正义，个人的行为需要由社会机构予以约束。

要保障正义和个人自由，各种社会组织，特别是国家，必须与个人一起服从同样的法律规范。既不存在一种适用于集体、另一种适用于个人的两种正义，也不存在一种适用于集体、另一种适用于个人的两种道德。集体和个人只有同一种正义、同一种道德。正因如此，在国际关系中，法所期求的是，协定、条约能够得到各国的尊重，就像契约、合同得到个人的尊重那样；须使各国都遵守战时国际法，采取人道行为，承担相关责任。同理，在各种国内关系中，法须尽力使国家跟个人一样遵守法制，要求国家完全像个正派人似的行事。

可以说，正是从自然法原则中直接衍生出了国际法的古典规范以及对政治自由的宪法保障。

然而，当代德国却离经叛道，它所顽固坚持并冷酷推行的法律观念，恰恰是对上述古典准则的否定。

按照莱茵河彼岸那些饱学之士的看法，世上根本就没有什么人人共盼的永恒自然法，而只有因地制宜、千差万别、随着万物的变化而变化的各国国内法，特别是有一种德国国内法，现在具有盖世无双的价值。之所以如此，据说是因为德国这个集体优于其他所有国家集体。

此外，暴力本来只是法的一个方面，而他们认定，法与暴力完全相同。公法不过是集体暴力的一种表达。因为，国家为了实现建成强大国家这一最高目标，制定任何规则都是正当的。

他们认为，不要谈什么个人主义，也休谈什么自由。之所以没
有个人主义，是因为社会和国家并不是为个人服务的普通工具；相
反，它们都是超级机构，拥有其自身追求的目标，个人则为它们而 15
存在。从个人没有什么可与国家相对抗的权利这层意义上说，个
人没有什么自由。个人参与形成国家权力，既不需要得到别的利
益，也不需要别的约定。

德国人的上述三种主张，可分别称之为法律民族主义、法律强盗化和法律集体主义。这些主张并不是随着自然法早期观念的衰微而同时形成的；每一种主张都有其来龙去脉且影响深远。若以为那只是短暂的迷惘，或以为那只是涉及某几个社会阶级的泛日耳曼主义疯癫，无疑是一种错误。整个德国都被毒化了，所有的德国人都神经错乱了。这是新创立的一种真正宗教，一种德意志帝国和德国人的宗教，也是人类宗教的一个最可恶的标本①。

德国的法律民族主义肇端于1814年激烈反对法国革命之时。在那时之前，德国曾经相信普适通行的自然法，甚至曾经创办、办好过一所在17、18世纪颇为出名的自然法和国际法学校。的确，该校使自然法大大偏离了方向，但它至少保持了自然法的普适性

① 请参阅：乔治·里佩尔（Georges Ripert），“德国的法律思想与当前的战争”（L'Idée du droit en Allemagne et la guerre aetuelle），载《国际教育杂志》（*Revue internationale de l'enseignement*），1915年；艾米尔·布特鲁（Emile Boutroux），《德语表达方式与人性》（*Germanisme et humanité*），同上刊；约瑟朗（Josserand），《暴力与法律》（*La Force et le droit*），1916年；E.布维埃（E. Bouvier），《德国的国家概念》（*La Conception allemande de l'État*），1917年；J.德克拉勒伊（J. Declareuil），“费希特对德意志民族的演讲”（Les Discours à la nation allemande de Gottlieb Fichte），载《公法杂志》（*Revue du droit public*），1917年；乔治·杜梅斯尼尔（Georges Dumesnil），《战时随想：德国哲学的邪恶》（*Réflexions pendant le combat, la perversité de la philosophie allemande*），1917年。

质。而到 1814 年，费希特[1]在哲学领域，阿诺尔特和斯泰因在教育领域，萨维尼[2]在法学领域，创立了德意志民族主义，这就势必从中孕育出泛日耳曼主义。萨维尼历史法学派之所以使自然法走向衰颓，并不是因为它在研究人为法时使用了历史分析方法，而是因
16 为，它不是从人类的普遍意识和普遍理性中，而是从各个民族的法律观念中，得出它的法律起源理论的。

萨维尼学派虽然抛弃了自然法的普适性思想，创立了法律民族主义，却并未否认法律与暴力的传统区别。使法律强盗化的决定性一步，是在 19 世纪中叶的俾斯麦时代，由一个"目的法学派"跨出去的。该派的耶林[3]、布伦奇利[4]、蒙森[5]、拉邦德和耶里内克[6]都很有名，其中最重要的无疑是耶林。他们这一代人都浸透了黑格尔哲学和对立同一律的观念，致使他们认为暴力与法律是同一的。而且，这帮人痴迷于普鲁士的日渐强大，热衷于实现政

---

① 费希特(Johann Gottlieb Fichte，1762—1814)，德国哲学家，德国古典唯心主义主要代表之一。柏林大学第一任校长。认为"自我"是唯一的实在。著有《全部知识学的基础》《论学者的使命》《人的使命》等。——译者

② 萨维尼(Friedrich Karl von Savigny，1779—1861)，德国法学家，历史法学派主要代表。1815 年创办《历史法学杂志》。著有《中世纪罗马法史》《现代罗马法体系》等。——译者

③ 耶林(Rudolf von Jhering，1818—1892)，德国目的法学派主要代表之一。——译者

④ 布伦奇利(Johann Caspar Bluntschli，1808—1881)，瑞士法学家，长期在德国的大学任教授。著有《公法与政治学史》《现代战争法》《现代国际法》《现代国家教程》等。——译者

⑤ 蒙森(Theodor Mommsen，1817—1903)，德国法学家，历史学家，议员，著有《罗马史》《罗马国家法》等。——译者

⑥ 耶里内克(Georg Jellinek，1851—1911)，德国法学家，政治学家，著有《法、不法和惩罚的社会伦理意义》《人权与公民权宣言》《国家通论》等。——译者

治上的中央集权制，致力于建立德意志帝国。正是耶林给法律下了这样的唯物主义定义：“法律是暴力的政治。”“权利乃是法律上受保护的利益。”正是他建构了国家凌驾于法律之上的整个学说。他首先将暴力当作国家的基本性质，说什么“缺乏暴力乃是国家的滔天大罪，社会绝不会予以宽容和容忍”。其次，他倡言，法律是否妥当，应由其实际目的来验证。这就使国家得以罔顾道德，为所欲为，所谓“为了达到目的，可以不择手段”；同时，这必然导致国家滥用紧急处置权。他想出了那句很精练的专制主义说辞，叫作“国家只受自己意愿的限制”。最后，他干脆承认，他的宗旨就是反对让国家服从法律的自然法学说，认为“法律由国家制定，乃是战胜自然法学说的巨大进步”。依他之见，国家根本不受普通法的约束，而有权按照自己的权力欲，为自己制定法律和所有行为准则。如此，则马基雅维利为15世纪博尔吉亚家族[①]效劳的那些权术谋略，都变成了20世纪德意志帝国崇奉的法律规范。强盗行径成为合法的了。“预防性”地侵犯中立国，有步骤地蓄意违反战时国际法 17
和国际公约，“不留痕迹”地进行暗中破坏，凶残地煽燃战火，凡此种种，都不是进行正当防卫，而是在执行一种法律，即德意志帝国为追求自身强大所必需的一种法律。这真是卑劣之尤！

使法律强盗化，势必导致德国实行专制制度。事实正是如

① 博尔吉亚家族(Borgias)，系意大利贵族，运用收买、联姻、凶杀等手段，在15、16世纪纵横政教两界多年。其中有两人当上罗马教皇。教皇亚历山大六世罗德里戈·博尔吉亚的私生子西泽尔·博尔吉亚，曾在意、法两国掌握巨大的宗教、政治和军事权力。马基雅维利的《君主论》，鼓吹欲达目的可不择手段，即以西泽尔为楷模和新时代君主的师表。——译者

此[1]。专制制度自然会孕育出法律集体主义;而后者恰恰是德国法律意识演变的第三个结果。

作为马克思主义之集体主义学说的发源地,德国已经在很大程度上变成了一个实实在在的集体组织。德国政府把预防性的集体主义,营造成了统治阶层用以笼络下层民众的一种集体主义机制。的确,政府并不直接经营工商业、银行、矿山、冶金、航运和农业,而是对之实施监控:所有企业主的势力都得联合起来,所有联合会都得跟政府建立联系;政府不仅将国家附设的办事机构交由企业主联合会支配,而且让这些机构加入企业主联合会,在其中为政府做宣传,做侦探。政府留意着企业主们的信用,调解他们之间的纠纷,掌握每个企业的日常经营活动。赫尔·巴林[2]、贝塔·克虏伯[3]、拉特瑙[4]等人,皆为威廉二世本人所熟悉:他们既是政府高官,又是大企业的经理。因此,全部企业主的经济势力都与帝国的政治势力沆瀣一气。不像在我们法国,公共服务与私人企业是截然分开的;而德国每一个重要的经济企业都只是一个公益部门,照耶林的说法,都是帝国这个集体可以利用,而且已予利用的一个"社会服务站点"。

18 劳动阶层同样也逃不脱政府的控制。关于工人退休和社会保障的法律使他们有了物质上的安全感。于是,各种工会组织纷纷

---

① 参看 J.巴特勒米(J. Barthélemy),《当代德国的政治制度》(*Les Institutions politiques de l'Allemagne contemporaine*),1915 年。

② 赫尔·巴林(Herr Ballin,1857—1918),德国运输企业家。——译者

③ 贝塔·克虏伯(Bertha Krupp,1886—1957),军火大王弗里茨·克虏伯(1854—1902)之女。——译者

④ 拉特瑙(Walter Rathenau,1867—1922),德国实业家、部长、作家,犹太人。1922 年与苏俄签订《拉巴洛条约》后,6 月被右翼民族主义分子暗杀。——译者

归附这种含有诸多集体主义元素的政治制度，觉得干活是为自己。世人则为这种“社会民主制”的驯化作用所震惊。该“民主制”被说成是爱国主义的，而且是集体主义的、德国式的爱国主义。对全世界马克思主义的集体主义者而言，德国就像是圣地麦加；而对德国的集体主义者而言，德国则是业已实现了集体主义制度的祖国。为什么德国的集体主义者往往是国际主义者？因为他们的国家满足了他们的理想。所以，工人组织就融入了帝国；德国的社会主义者就致力于俄国革命，赞成斯德哥尔摩会议①上的冒险主张；谢德曼②和列宁就都变成了纪尧姆③的代理人④。

对世界的前途而言，德国这第一次集体主义或半集体主义的试验，不能说是令人鼓舞的。它的集体主义力量表现为凶残的军国主义。有充分理由相信，这种按照集体主义要求、鸠集全部国民、动员举国资源的情况，只有在进行战争、发展战时生产之时才能被忍受。战争期间，即便是协约国也必须在经济上实行一定的中央集权；但是，那里有建立在自由之上的整个政治组织与之相制衡。

而在德国，理论本身已经令人懊恼地转变为法律集体主义。

① 指 1906 年 4 月 23 日至 5 月 8 日在瑞典斯德哥尔摩召开的俄国社会民主工党第四次（统一）代表大会。布尔什维克与孟什维克斗争激烈。列宁主张掌握革命领导权，彻底推翻沙皇制度，绝不走议会道路。——译者

② 谢德曼（Philipp Scheidemann，1865—1939），曾为德国社会民主党两主席之一，1919 年任魏玛共和国首任内阁总理。——译者

③ 纪尧姆（Guillaume），西欧多国王侯之名。普鲁士国王（1861—1888）兼德意志帝国皇帝（1871—1888）威廉一世也叫纪尧姆。——译者

④ 关于德国社会主义者视国际社会主义运动为国内事业的说法，参看 Ch.安德勒（Ch.Andler），“德国的社会主义者与 1914 年 8 月以来的军国主义者”（Les Socialistes allemands et le militarisme depuis août 1914），载新版《国家行为》（*Revue L'Action nationale*）杂志，1917—1918 年；E.拉斯金（E.Laskine），《国家社会主义》（*Le Socialisme national*），再版，1918 年。

在 1916 年 1 月刊于《环球新闻》上的一篇文章中，恩斯特·特洛尔奇[①]教授阐述了这种理论。他分析："德意志国家是优良秩序观念的体现，是一个超级国家。它的出现堪与新天国降临人间相媲美。
19 它虽然显现于德意志民族之中，却高于这个民族，也高于所有民族，高于所有个人；它超越了它所容纳、所支配的一切。于是，一切带有民族性的权利以及一切个人权利均被废除。德国的国民和属民也有某种自由，但这并非其固有权利，而是决心顺从德意志国家、矢志与之彻底同化的自由。不过，他们的完全驯服并不是自发的，而是用暴力强迫的。人们不能留有任何余地，不能要求任何人权或国民权利，也没有作为国家成员的丝毫固有权利。参与国家集体，享受集体尊荣，便是对牺牲固有权利的一种补偿。况且，德意志国家十分强大，根据自身意愿自我约束，建立了内部法律秩序，行事宽容大度；作为让步，它会使每个人处境体面，待遇公正。当然，它也要维护自己的绝对权威，既不能向它要求什么个人权利，也不能向它要求凌驾于德意志国家之上的法律秩序。须知，没有什么比德意志国家更高或在它之外的法律秩序；它的内在正义就是普适正义。"

就这样，车轮翻转，直到那时还始终伴随着人类文明，或许也滋养着人类文明的悲观个人主义学说，就被为了德意志集体利益而建构的法律集体主义学说所取代了。

（二）应该如何驳斥上述那些厚颜无耻的谬论？必须竭尽全

① 恩斯特·特洛尔奇（Ernst Troeltsch，1865—1923），德国学者，其著作涉及神学、哲学、社会学、历史学。著有《基督教的社会教义》等。——译者

力予以反击。我们要断然宣布，与他们的法律民族主义相反，我们
确信，有一种普适于全人类的法律；与他们的法律强盗行径相反，
我们确信，正义绝不是纵容暴力；与他们的法律集体主义相反，我
们确信，应有个人自由。我们要公开申明，若没有这些信仰，人生
便毫无意义；为了这些信仰，我们将赴汤蹈火，在所不辞。比利时
人、法国人、英国人、塞尔维亚人、意大利人、罗马尼亚人、美国人、 20
日本人，已经相继奋起，毅然武装，联合行动，应对挑战。此情此
景，撼人心魄。然而，冷静思之，我们如此激愤、如此热烈地鼓吹自
己的主张，甚至声言以死相搏，意义何在？其实，这都不足以驳倒
德国人的见解。一种学说须以另一种学说与之相对抗。我们确信
有一种普适的自然法，有一个迥异于暴力的正义理想，个人必须享
有自由；那么，我们这些信念以何种学说为依据？如果指责德国人
的见解是谬论邪说，我们的正确理论又是什么？

哎，真不好说！我们持有本能的信仰，却没用渊博的知识来支持信仰。我们的大学绝口不讲自然法。在 M.F.热尼[①]为一个自然法热门杂志撰写的一本新书中，我们看到，最近有些文章居然说要复兴一种其内容发展变化了的自然法[②]。这简直是嘲弄，简直是供认自然法已经奄奄一息！不，自然法不是一种本质上可变的、相对的理想，它是绝对的！绝不存在什么跟大学所研究的学说不同的社会主义学说。伟大的理想主义者蒲鲁东的教导早已被抛弃

① 热尼（M.F.Gény，1861—1959），法国法学家。——译者

② 见《人为私法中的科学与技术》（*Sience et technique en droit privé positif*），1914—1915 年。

了。他坚信有一种普遍的、绝对的正义理想；这种理想随着人类的进化而日渐浓烈，但它先于人类的存在而存在，且不受人类的支配。现在，咱们那帮集体主义者中了马克思主义历史唯物论的毒，认为人类社会的经济发展后天地决定着人类的理想，因而，理想也是发展着的，其内容是可变的。

总而言之，在社会主义流派和官方学说中，进化论思想曾对自然法学说带来致命一击[①]。

21 不过，他们没有得逞。可想而知，人类的进化同物种一定的凝滞状态是协调一致的；况且，普适于全人类的自然法同人类的法律本来就是一码事。尽管这一观点使自然法深入人心并成为人类法律的一种，但其自17世纪起就淡出视野了。毛病就出在德国。在17和19世纪，它曾屡次三番企图搞垮对手。它破坏自然法学说的这段历史值得详述，以便重现事实真相，为世人指点迷津。

在中世纪，自然法被纳入神学范畴，圣托马斯·阿奎那[②]的《神学大全》和苏亚雷斯[③]的《论法律》即研究了自然法学说。

中世纪的伟大思想是神学支配下的知识统一体，这同宇宙统一体恰相适应。而16世纪的宗教改革运动打破了宗教的统一，同时摧毁了知识的统一。各个学科的世俗化由此肇端，哲学、实证科学和精神科学纷纷自立门户。自然法也很快被世俗化，始作俑者是

---

① 见马塞尔·里维埃(Marcel Rivière)，《G.普拉东的号召：拥护自然法》(*V. l'appel de G.Platon, Pour le droit naturel*)，1911年。

② 圣托马斯，即托马斯·阿奎那(Thomas Aquinas，1225—1274)，意大利出生的西欧中世纪神学家和经院哲学家。——译者

③ 苏亚雷斯(Francisco Suarez，1548—1617)，西班牙出生的天主教神学家和哲学家，有人认为他是圣托马斯·阿奎那之后最杰出的经院哲学家。——译者

一个所谓自然法和国际法学派。长期以来，人们都以为自然法世俗化的首创者是荷兰人格劳秀斯[1]，而德国人奥托·基尔克[2]则为德国法学家约翰内斯·阿尔特胡修斯[3]争此荣誉，说他更早几年。在专门颂扬其心中英雄的一本盛气凌人的著作中，基尔克和他的同胞一样，把德国的改革跟对抗中世纪单一思想的学科多样性分化，说成是相辅相成的；由此巧妙论证，自然法的世俗化是德国造成的。由于普芬道夫[4]和沃尔夫[5]这两个德国人曾经复述格劳秀斯和阿尔特胡修斯的著作，有人可能就比较认可基尔克的说法。

可是，在使自然法世俗化的过程中，我们的改革者们抛弃了“自然法就是人类的法律”这一首要理念，而该理念乃是神学教义的基础。从神学家汲取其信条的已知所有资料可见，这一重要理 22
念始终是处在第一位的。

“创世说”的叙述非常充分：每一种植物、动物都是上帝按其物种的既定范式创造的；其中有一个是人类，亚当为其始祖。由于他的原始过错，亚当就把整个人类带进了原罪之中。尔后，为了这个物种、为了人类的利益，必须不停地进行救赎。有目共睹，在宗教

① 格劳秀斯（Hugo Grotius，1583—1645），荷兰法学家，古典自然法学派主要代表之一，近代国际法奠基人。著有《战争与和平法》《海上自由论》等。——译者

② 奥托·基尔克（Otto Friedrich von Gierke，1841—1921），德国法律哲学家，德国历史法学派中与萨维尼等人相对立的人物。著有《德国私法》《德意志团体法》等。其子尤里乌斯·冯·基尔克在商法、保险法、海事法方面颇负盛名。——译者

③ 约翰内斯·阿尔特胡修斯（Johannes Althusius，1563—1638），律师，政府官员。写过关于罗马法的论文。——译者

④ 普芬道夫（Samuel Pufendorf，1632—1694），德国古典自然法学派主要代表之一，著有《法理学基础》《论自然法和万民法》等。——译者

⑤ 沃尔夫（Christian Worf，1679—1754），德国哲学家。——译者

启示中，放在第一位的从来不是社会，而是人类。至于社会的出现，在宗教故事中，只是后来的事情，好像是人类的一种派生物。

现在，我提请大家注意，到处充斥着改革者们所酿成的种种错误，这使我们认识到弄清这一问题的极端重要性。一方面，攸关人类的一切都具有同样的普遍性和稳定性，实际上，一切都是亘古不变的。另一方面，人类社会不过是人类的一种生存方式；法律原则以及由此产生的社会形态，尽皆从属于人类的思想观念；法律不是植根于社会中，而是植根于人类中；也就是说，人类有什么样的理想，就有什么样的法律。既然社会只是人类的一种变体，那么社会就是自然生成的；社会权力也是自然形成的，因为人类中已经存在权力。

不止于此，人类的先决条件同时确保了法律准则的普遍性和稳定性，使之走向我们所说的悲观论个人主义。一个人和一个社会相比，他们的集体主义精神是差之天渊的。这是因为，光有一些人，并不是一个有组织的集体。相反，个人都是非常个人主义的。人类是由子子孙孙繁衍生息的个人构成的一个历史序列；或者说，个人才是人这个种类的传承者，个人负有传宗接代的任务。不消说，人类会迫使个人驯顺服从；但是，事实再明显不过，没有个人，人类就只是一个想象中的物种。值得赞赏的是，宗教义理始终强
23 调人类的这种个人主义特性。按照揭示出来的所有宗教资料，人类是由个人繁衍而来的：首先是亚当，其次是耶稣。正是从第一个人亚当起，人类这个物种固定下来了；实际上，世世代代的整个人类都跟他一样。就是这个亚当，由于他的个人过失，陷整个人类于原罪之中。也就是说，他将人类固定在了一个本来不应该那么低

级的水平上。在赎罪救世的历史上，是另一个“个人”，也就是耶稣，拯救了全人类，使人类恢复了原始的理想。然而，这种救赎仍给个人留下了一些烦难，除非个人的美德得到弘扬。在宗教描绘的图景中，集体都不重要。至于拯救国家，那不是什么问题，因为国家没有不死的灵魂。对个人而言，社会组织的价值仅仅在于，它是个人拣选清一色同类的一个筛子。

人类中的个人本质上是自由的；这意思是说，他意识到，从外部强加于他的道德准则，原是来自上帝对世间万物的安排，人应当自觉自愿地予以遵守。上帝非常尊重这种自由。他只给了亚当一条禁令[①]，并直言相告，却不会随时随地予以提醒。自然，上帝是隐身匿迹，离人而居的。就这样，自由至上原则提出来了。

同时提出了“正义状态”这个法律第一基准问题。搞清正义状态相当重要，因为自然法和国际法学派的理论家们在使“正义状态”概念世俗化时，以“自然状态”为说辞，对“正义状态”极尽讽刺挖苦之能事，由此导致诸多令人痛心的错误。“正义状态”或称无罪状态，就是亚当尚未违反上帝禁令之时，在伊甸园中所处的状态。整个人类应当跟亚当一样，服从神授准则；亚当理应是了解并遵守道德准则的人。如果亚当能够持之以恒地服从神授准则，人类就会永远处于正义状态之中，我们或许就看不到不义现象了。
然而，亚当没能持之以恒；由于他的过失，人类就永远陷入了一种 24

① 《圣经·旧约全书·创世记》第二章说，上帝造出亚当之后将他安置在伊甸园中，吩咐他说：“园中各样树上的果子，你可随意吃；只是知善恶树上的果子，你不可以吃，吃了必定死。”后来亚当、夏娃吃了这“禁果”而心明眼亮，上帝便将携带这种原罪的他们逐出了伊甸园。——译者

满怀正义理想，但却不能完全实现的中间状态之中。

由此产生了悲观论的个人主义：人不能通过努力，达到完美，因而万般无奈。人的理性迷失，意志薄弱，有时因愚昧无知而犯罪，也经常知善而行恶。特别是，人类居然滥用社会上个人主义组织授予他的特权，损害其周围的人，从而引发社会动乱。

因此，个人主义和自由就需要得到纠正。我们这里不谈什么超自然的救济，而要到社会组织中去寻找自然法则。为了约束、矫正个人的自由行为，需有社会权力与之相制衡。当然，社会权力并不比个人自由少犯错误，尽管它甚至为此制定了若干人为法，其中很可能有些内容还是比较理想的。假如制订法律时尽力引导社会权力机构同个人自由协调配合，则出台理想法律的可能性将会大大增加。

在上述基本前提中，还须充实一些别的内容，包括从专业角度对权利作出界定。权利不能跟所要满足的利益或所要担负的职责相混淆。权利是指有权采取某些合理合法的行动，用适当的方式，随时获取各种各样的利益，履行各种各样的职责。列举权利与搞清《圣经》“十诫”相类似，也就是说，与列举正当行为或不正当行为差不多。这是因为，区分正义与非正义须跟区分善恶同时进行。须知，全部法律皆源于刑罚，针对的是那些应予禁止的行为，针对的是各种犯罪。正如《圣经》所说，“你不可杀人，不可偷窃”①，等等。

自然法的和谐构造就是如此；它是中世纪的思想家基于人类

① 见《圣经·出埃及记》第二十章。——译者

是一个讲道德的物种这一情况而创立的。自然法保存在天主教神学的完整体系中，而最早推行非宗教化的德国自然法和国际法学派，试图利用世俗科学摧毁自然法。前文已述，该学派倒行逆施， 25
无视人类会讲道德这一点，而只抓住了个人和社会的若干情况。这不是他们疏忽大意，而是蓄意为之。他们力图摒弃关于伊甸园正义状态和原罪的理论，认为那纯粹是难以改编的神学教条。而实际上，那些理论与人类的起源密切攸关。他们删除了形成人类的先决条件。不过，他们仍然不能完全摆脱世俗成见，要对宇宙万物的起源作出解释。于是，他们便不自然地用“自然状态”这一世俗说法，来代替“伊甸园正义状态”的神学论题。

自然状态先于政治社会而出现，但自然状态并不是整个人类的状态，而是孤立、“无主”的个人所独有的状态。相传，在史前的“黄金时代”，气候宜人，果蔬遍地，没有政治奴役，没有私人地产，人们无所羁绊，不需劳作而生活幸福。那便是维吉尔[①]所歌颂的朱庇特[②]以前的时代：

“在朱庇特以前，没有人被迫做隶农”[③]，等等。

既然那时的个人是孤立的、无主的，一种绝对个人主义就基于这种回忆中的理想而形成了。尽管霍布斯及其学派偶尔发出一点儿不和谐的声音，最终还是产生了乐观的个人主义。到让·雅克·卢梭那里和法国大革命时期，这种乐观主义达到了高潮：个人

① 维吉尔(法文“Virgile”，拉丁文“*Publius Verglius Maro*”，公元前70—前19)，古罗马诗人，代表作《埃涅阿斯纪》。——译者

② 朱庇特(Jupiter)，罗马神话中的主神。——译者

③ 此处原文为拉丁文：“*Ante Jovem, nulli subigebant arva coloni*”。——译者

总是好的，是远古的社会制度不好，因为那种制度不是根据个人意志建立的。只有将社会安置在个人之间达成的自愿协议或作为社会原始基础的社会契约之上，政治社会和法律才能得到改良。因此，政治社会和法律不再被置于人类预先服从某种道德规范的先
26 决条件之上，不能再被看作是自然形成的，而变成了人为设计的，并且仅仅由个人之间的契约来决定其能否继续存在。于是，个人契约就成了法律和政治统治权的源泉。

在此基础上，他们构建了一套逻辑严密的自然法理论，且已部分地变为现实。在宪法方面，该理论孕育了关于人权、成文宪法和国家主权的学说，成文宪法和国家主权均被视为社会契约的产物。在国际事务中，该理论也有其显著重要性。自然法的首要观念是，政治社会与个人并无二致，个人之间的关系和国家之间的关系应适用同样的法律；没有什么两种正义，而只有一种正义；国际法不能受国家支配，相反，国家应服从国际法。自然法理论还主张，所有主权国家一律平等，尽皆处于自然状态亦即“无主”状态中；它们之间只能靠契约亦即条约、协定建立联系。

德国自然法与国际法学派的理论则已名誉扫地，因为他们对社会、权力和法的起源所作的解释太过虚假。历史研究的进步已使人们深信不疑：社会制度有其自然根源。尽管如此，不应过分夸大该派理论的缺陷。如果说他们所主张的个人主义失之过激，那么，他们的理论至少还有如下优点：坚持个人主义的至上地位，并不迎合集体优先这一危险的法律空想。

甚至该学派的“自然状态”之说，虽然比“正义状态”概念低俗一些，也还是有所助益的。“自然状态”之说提醒人们，不应将人类

道德观念的发展同物质文明的进步混为一谈，应当反对历史唯物主义的错误教条；它提出了一个公设：在物质文明很低的时代，人类的道德水平可能很高。无须迟疑，我们承认，从实证科学的观点 27
看，这一公设也是可信的。

但是，他们既已犯下错误，就得承担不良后果。本来，自然法的永恒性已融入人类自身的永恒性之中，并形成了人类的普遍性质，而德国的自然法与国际法学派却抛弃了这种永恒性的根基，使人以为自然法也是与时俱变的。有人不再到作为总体的人类中，而到特殊的、厌恶个人主观意识的个人中去寻求自然法的基础，有人则委身于社会。于是，有人说：“请看，自然法变化不止，它的内容日新月异。刚开始制订一个个人主义的、主观的法律，马上又得转向社会的、客观的法律。”

这种极端严重的后果萌生于两个多世纪以前，因为必须将相关思想意识的长期存在计算在内。终于造成了思想混乱，以致自然法似乎彻底消失了。

我们有责任恢复自然法昔日的永恒性。必须如此。因为，德国人中有魔鬼，他们先是巧舌如簧，迷惑我们，接着又耻笑我们，问我们知不知道自己为什么而斗争。他们差不多是明告我们：“你们已经没有什么主义、学说来支持你们的自由观了，那就把我们的组织文化学说拿去吧！”我们是该尽力回应这种嘲讽了。

（三）既然有人使自然法学说脱离了人类起源的前提条件，从而使之渐趋式微，则我们该做的就是修复这种前提条件，这是自然法的生命。当然，我们不是作为神学家，而是作为熟悉实证方法的社会学家，来从事这项工作的。我们首先要简短地回顾一下，自然法问题究竟在哪些方面、为了什么必须与人类问题不可分割地联系在一起。

28 自然法是由道德准则派生出来的，社会正义则仅仅是社会关系所偶然决定之美德的一种体现；这种亲缘关系乃是不争的事实。不过，为了便于研究，我们必须先谈道德准则，而暂将自然法问题撂下，以便稍后再谈社会因素。这是因为，道德准则不必涉及社会问题，自然法却与社会密切攸关，而我们尚须考虑如何着手研究社会。

论及道德准则的根基，我们既不应到个人意识中去探求，也不应到社会中去寻找，否则就会犯最为可悲的错误。以为道德准则铭记在每个人的心中，这是让·雅克·卢梭的错误；乐观地相信人天生性善，则是康德的主观主义态度。他们有一句名言："一直干下去吧，你个人的行为准则将变成普遍规范。"最坏的恶棍和最大的善人都会作出这种推断。以为道德准则的根基植于社会之中，这是19世纪卡尔·马克思和冯特[①]等集体主义者的错误，Th.里博[②]和涂尔干（一译为迪尔干）[③]将它引入了法国。在他们那里，道德准则变成了一种社会产物，就是那些化育仁义道德的良风美俗，和那些以经济关系为核心、造就良风美俗的社会关系；社会是绝对的好，善随着社会团结的增进而增进；社会是善的源泉，如同它是

① 冯特（Wilhelm Wundt，1832—1920），德国实验心理学创始人、哲学家。——译者

② 里博（Théodule Ribot，1842—1923），法国哲学家、心理学家。——译者

③ 涂尔干（Emile Durkheim，1858—1917），法国社会学家，犹太人，曾游学德国，首先提出"神圣""图腾"等概念，著有《社会分工论》《自杀论》《社会学方法论》和《法国教育学的演变》等。——译者

法的源泉；社会就是一切，个人什么也不是，只有对社会有用的个人权利才是正当的。就这样，我们被从一种过分的个人主义，抛向了一种无限的集体主义之中。

如果我们想避免上述两种错误，回归人人有所体验的如下事实真相：社会并非一切皆好，个人亦非一切尽善；有组织的社会需与个人遵从同样的道德规范，那么，我们必须将道德准则置于社会和个人之上，使之成为一种外在于社会的现实事物，而人类对社会 29
差不多已经完全适应了。

最恰当的观点无疑是：人类业已适应构成宇宙万物一部分的一种精神力量。尽管人自身就有一种精神力量，但因众生对存在于人身之外、冥冥中支配人生的一种神秘力量特别顺从而确实获益匪浅，他们便对那种力量心向往之，顺而从之。正是由于存在这种磁性吸引力，世人才受到磁化、吸引，弃恶从善，如同罗盘针指向地极一般。

我们无须过分强调这种适应观念的重要性；它可以回应所有灵魂的忧虑。这个杂志的长期读者想必不难理解，我的论断符合他们所相信的事实。哲学家则会发现，我的看法其实就是精神科学院的老观点。我跟维克多·库赞[①]一样，依据的是客观善行；所不同的是，我不是从中抽象出某种原则，而是从中看到一种充满活力的精神力量。如果我没有弄错的话，这正是蒲鲁东当初竭力坚持的立场；他曾跟卡尔·马克思的历史唯物主义进行过艰苦的斗

① 维克多·库赞（Victor Cousin，1792—1867），法国哲学家、政治家、历史学家，折中主义、理想主义学派的领袖。——译者

争，后者认为必须根除法国的理想主义。总之，博学之士应当公开承认，世人并未把上述适应理念当作一种普遍准则。如果人们由于适应了周围环境中的自然因素而使身体得到发育，同样，人们也会由于适应了周围环境中的智力和道德因素而获得智力和道德上的成长。我们知道，唯物主义学者竭力把神秘力量说成是物理化学作用，但这种哲学体系根本不会从科学的严格意义上看问题。

有人会反驳我，说我想象中人们尽力适应的那种外在精神力量，其实只能是上帝。我将回答，确实，客观存在的美德乃是上帝的
30 一个侧面。我还要补充一点：上帝根本是超验的，纯粹是一个神灵，似可称之为精神力量；又因它无处不在，我们觉得它就是客观环境的一部分。显而易见，人们生活其中的客观环境绝对是具体有形的。

任何真实的存在都是客观环境的一部分，精神力量、道义力量的存在也是如此。如果没有精神和道义力量，人类可能就没有什么道德观念，世上可能就没有什么文明和美德，这种力量自然也就不会被看作客观环境的一种因素[①]。

我想，拉维斯[②]具备真正的实证精神，他不用非此即彼的绝对观点看问题。最近他写文章谈到学校的道德教育以及应给道德教育以何种基础的问题，认为："如有必要，无须害怕提到上帝。"[③]

在我刚刚阐明的意思中，首先考虑的是人类对道德准则的实

① "作为上帝创造物的人至少要顺从上帝，因为人与上帝之间的关系是真实的。"（见圣托马斯·阿奎那，《神学大全》。）

② 拉维斯（Ernest Lavisse，1842—1922），法国历史学家，法兰西学院院士。——译者

③ 见《法国教育协会通报》（*Bulletin de la Ligue française*），1917年。

际态度，其次考虑这种态度所反映的人类永恒性这一事实。

1. 在道德家看来，人类有一个共同点：都有些反常和失衡，都欲壑难填①，野心勃勃，好高骛远。人们经常不懂何者为善，因无知而犯罪；但也往往明知善恶之分而故意作奸犯科，这就是柏拉图在《普罗泰戈拉篇》(*Protagoras*)中用以反驳苏格拉底的论据。近来，有些心理学家在步道德家的后尘，学者达斯特等人用医学语言来改编蒙田②的议论或帕斯卡③关于人性矛盾的思想。有趣的是，据他们研究，上述反常失衡现象产生的根源在于人脑发育与人体其余器官发育的不同步；他们希望，今后应以更好地顺从上帝来克 31
服这种不协调；尤其是，他们把确立外部道德准则的必要性，同人类的内心失衡联系在一起。达斯特说，“由于存在诸多矛盾，人的肉体生命不能自然地受到充分节制。既然如此，就必须有一种行为准则，从外部施加于人；哲学、宗教和法制即能提供此类准则”。④

换言之，由于人脑特别发达，人与大量客观事物建立了联系，以致人的内在天赋不足以适当控制其在各种关系中的行为。人不像动物，动物之间凭借本能的刺激即可相互感知。正因如此，为了弥补人类自身本能的缺陷，恢复平衡状态，外部的道德法则就出现了，人类须努力加以适应。

---

① “人的需求是无限的”，这是一条政治经济学原理。

② 蒙田(Michel Eyquem Montaigne，1533—1592)，文艺复兴时期法国思想家、作家。批判经院哲学，反对灵魂不朽之说。曾任波尔多市市长。著有《随笔集》三卷。——译者

③ 帕斯卡(Blaise Pascal，1623—1662)，法国数学家、物理学家、笃信宗教的哲学家、文学家，近代概率论奠基者。——译者

④ 见达斯特(A.Dastre)，《生与死》(*La Vie et la Mort*)，1903 年，第 311—343 页。

不过，不能相信哲学、宗教或法制提供了这种外在的道德法则。在这个问题上，生理学者搞错了，他们忽略了人类的适应态度这一显著事实。人们适应那种吸附全人类的精神力量的现象早就发生了。是各个时代的所有个人，至少是其中最有天分的人，始终在适应这种力量，从而使人类一直处于讲求道德的状态中。至于哲学、宗教和法制，虽也保留着一些它们可能包含的新发现，但它们毕竟都是一些事后的、第二位的社会现象，是帮助人类趋向美德的一些社会手段。

人类始终在努力适应道德规范，却并未取得完全成功。看起来，人的智慧总能较快地适应环境中明白易懂的现实事物，却不大愿意适应道德规范：差距显而易见。由此引发的结果是，人类的道德观念很不稳定，一直处在我们所说的悲观论的个人主义之中。

32　2. 有人反驳我说：“您所描绘的都是古代史上人类的状况。的确，有史之初，在古典文明发展过程中，有些优秀的族群，诸如迦勒底人[1]、埃及人、犹太-基督教信徒，曾经做出了若干贡献。我们发现，他们的道德观念是变化不定的，但他们都在不断追求道德和正义的崇高理想。然而，不能就由此得出结论，说整个人类自出现以来，一直都处在他们那种状态；不，远非如此。我们不了解人类最初是个什么样子，不知道什么样的变化注定了人类的前途。人类并非全都是高级族群，并非全都经历了古典文明阶段；应当考虑到那些低级族群。我们不知道人类是否已经稳定不变，是否已经

① 迦勒底人（Chaldeens），闪（塞姆）族的一支，公元前两千年代活动于两河流域，曾建立巴比伦王国，前538年为波斯所灭。——译者

不再进化。尤其是我们不知道远古时代是否只有一种人类，因为我们不知道是否有多个种类。”

我不能拒绝简略地回答这种诘难。关于自然法具有永恒性的论断，是同人类的永恒性联系在一起的。除非古代的人类被公认为人类的典型，否则，仅仅以业已消失的某种古典文明作为论据，我认为也是很不够的。我们需要全面考查人类的基础，以便证明自然法和人类对自然法的态度直至人类消亡是不会改变的。

第一要解决物种生存及其永恒性的一般性问题。要不是我们只想指明现代科学应当前进的方向，要不是我们可以利用资深学者的权威成果，则这一问题需要进行旷日持久的广泛研究。这里，亟须摒弃夸张不实之词，摒弃那个勒当泰克[①]的绝对现象论以及拉马克[②]或海克尔[③]的绝对变形论。实际上，这里有两个不同的问题：一是各个物种如何稳定下来，一是物种的特异性状源自何处。

为了认清各个物种是如何稳定下来的，必须从它们世代传承的视角加以考察。在物种的树状传承谱系图中，应识别哪些是过 33
渡性生物、哪些是已定型物种、哪些可能还会发生突变，以及物种性状稳定下来的时间。树状图谱的主干是由过渡性生物或突变生物的子孙后代系统组成的；脱离了主干的分枝，就是已经稳定下来的物种，它们原则上不再进化。一个已经稳定下来的物种，也会发生无关其本质性状的变化，从而呈现出丰富多彩的样态，但其相关

① 勒当泰克(Le Dantec，1869—1917)，法国生物学家，唯物主义哲学家。——译者

② 拉马克(Jean-Baptiste de Monet Lamarck，1744—1829)，法国生物学家，认为生物组织与环境严格适应，性格有遗传因素。——译者

③ 海克尔(Ernest Haeckel，1834—1919)，德国动物学家，达尔文主义者。——译者

独特性状不会再变，除非它受到足够猛烈的撞击而进入突变状态。再者，一个物种仅仅受到一次这样的撞击，只能使其某个独特性状发生改变，千百次撞击才会使其崩溃或消亡。因此，人们总觉得，物种内部的各种力量是平衡的，很像是这种平衡确保了每种生物的个性，如同原子内部的结构平衡一般。此种平衡是稳定的，因为它实现了一种典型形态；其恒定性跟个人和原子的恒定性是一样的。此种平衡也可能被打破，而打破的后果常常是一个物种的灭绝。

一个物种受到的撞击并非永远来自外部，有时是来自其内部持续发生变异的某种力量。不过，如果这种内部作用力发生在性状稳定之后，则其后果对物种仍然是致命的。各种巨型动物的灭绝即是明证。所有的一切都使人相信，生命始于微末，最初生物都很小，第一批哺乳动物很可能都是小小的啮齿动物。但它们生命力旺盛，体形渐大，却又因不能适应环境而走向灭亡，挪亚洪水以前远古时代的那些巨型爬行动物就是这样灭绝的。蛇颈龙、鱼龙、

34 雷龙都是原始蜥蜴的过度膨胀；它们和巨大的剑齿龙、猛犸象、欧洲野牛等都灭绝了。人类若不保护鲸、犀牛、河马等，它们在不久的将来也会消失。因此，所有物种均已经稳定下来的最好证据就是：它们为了继续变化所做的种种努力，总有一天会转化为它们本身的死亡[①]。

在物种起源即独特性状起源的问题上，人们变得温和一些了。当初，绝对变形论认为，来自某个物种的胚芽，仅仅在外部环境的

① 为了阐述上面的问题，人们利用了孟德尔遗传学的成果，诸如德弗里斯的突变论和一些古生物学知识。见：Ch. 德佩勒尔（Ch. Dépérel）的《动物界的变迁》（*Les Transformations du monde animal*）；勒克莱尔（Leclerc du Sablon）的《孟德尔的遗传定律》（*Les Lois de l'hérédité d'après Mendel*）；《进化规律》（*Les Lois de l'évolution*）；Y.德拉热（Y. Delage）的《进化论》（*Les Théories de l'évolution*）。

影响下，就能生成另一个物种。现在，人们回到了一种不大激进的主张，认为表现出新性状的生物胚芽，乃是预先形成的；外部环境则是运送胚芽的载体，直至胚芽顺利长成物种之时。变形论者硬说，人是猴子变的；现代进化论者则声言：人也来自一种"胚芽"，它在同种动物系列中长期流转，终于在适当时刻长成了人；而且，此胚芽也是预先制成的。上述两种主张的分歧是根本性的。从哲学和宗教的观点来看，现代进化论的新说法保留了进行专门创造的可能性，对人和所有物种而言莫不如此。人由长期在生命构成物质中流转的胚芽生成；这种生命构成物质就等于造人的地上泥土，所谓上帝"用地上的泥土造人"[①]。

我们不认为这种适度的看法已被世人普遍接受。还有些新拉马克分子和新达尔文分子强烈主张变形论，他们的新结论基本上是依据胚芽发育的材料作出的。巴黎大学教授科勒里先生，去哈 35
佛大学作交换教授，在 1916 年 2 月 24 日的就任讲课中，将这种观点带到那里。有人相信了他这个资深进化论者提出的庄严证据。不过，他干脆倒退成了一个 18 世纪的温和进化论者[②]。

应当这样说，物种是不变的；另一方面，物种的原初性状不一定是变化的结果，而可能是单独新创的，也可能是直接来自人所不知的某个隐秘之处。现在，我们应将这些结论用在人类身上；我们无须为古人类学和人种志学资料的杂乱堆积所苦恼，无须为模糊不清

---

① 原文为拉丁文"*formavit hominem de limo terrœ*"，引自《旧约全书·创世记》第二章。——译者

② 见 1916 年 7 月 15—22 日的《科学杂志》(*Revue scientifique*)。

的文明进化偏见所激愤。我们只要坚持几个简单明了的基点就够了。

人类学即人类自然史会给我们提供第一个基点。从现在起，人类学将形成一门实证科学，受到大力研究[①]。按照卡特勒法热的说法，人类学的研究对象就是“把人类当做一个物种进行研究”[②]。因此，这一研究首先关注的应是界定人类的范围，确立人类的基本特征。大部分人类学家都是按照林奈[③]的提法，只把研究对象局限于“智人”[④]。于是，他们把具有智慧当作人类的基本特征；这涉及人类的道德观念，也就是说，人会适应道德准则，就像人有理性一般。照此逻辑，就得把各种原始的“化石人类”排除在狭义的人类之外；尽管化石人类与人类的体形相似，但它们的兽态太
36 明显，难有什么智慧。目前，这些人类学家的主张大致分为：(1)应假定存在着一种同时具备类人形态和智人形态的人类。(2)我们自己所属的“智人”，不是源自类人物种；那些高大的类人物种只是人类的旁系亲属，而不是人类的祖先，它们可能是地球生命谱系中现已消失了的更古老的分支。(3)智人本身可能也细分成了许多

---

① 对此，格拉塞(Grasset)博士最近建议，为了全面研究人类行为，应建立一个专门学科，可称之为“人类生物学”。见他1914年10月25日和1917年8月25日的通信。参看查默斯—米切尔(Chalmers-Mitchell)的《达尔文主义与战争》(*Le Dawinisme et la guerre*)及其“前言”。在建立这一令人期待的学科前，应利用现有人类学成果。

② 见《人类》(*L'espèce humaine*)，1877年，第18页。

③ 林奈(Carl Linné，1707—1788)，瑞典博物学家，植物双名命名法创立者。——译者

④ “智人”，原文为拉丁文“*homo sapiens*”。人类学家根据已发现的化石材料，将大约35万年以来能直立行走、平均颅容量大约1350立方厘米的“人科”灵长类动物称为“智人”。“现代智人”广泛分布于除南极洲以外的世界各个大陆，周口店的山顶洞人亦属此类。澳洲、北美洲在二三万年前也有了人类踪迹。——译者

种族，其中一部分还有生命，存活着；另一部分则可能业已灭绝，给我们留下了化石，有些则通过杂交而局部地幸存着，其兽性还可能比较突出地显露出来[①]。我们不必急于得出比这更合适的结论；不必急于断定他们的结论已将第三纪甚至第四纪初期即欧洲旧石器时代中期和早期的人类排除在“智人”之外；我们也不会宣布摒除尼安德特人和拉沙佩尔·奥圣人[②]。我们耐心地等待着判断标准逐渐明确起来。我们知道，已经提出了须将“化石人类”和人类进行区分的原则；我们知道，世人已经不再满足于仅靠一块有些变样儿的头盖骨或下颌骨化石就断定某种人的存在；我们知道，将来还会发现一些与人类有差距的类人动物，爪哇岛上的特里尼尔(Trinil)巨型动物群就是显例；总而言之，我们知道，现已有人采取行动，去搜寻化石人类具有智力和道德意识的证据，以判定其有无入选“智人”的资格：知道这些，也就足够了。

论及排除比智人出现更早、其代表可能还在太古时代跟人类
相邻共存了一段时间的类人物种，这让人想起了一个假设。发现 37
美洲新大陆后，相信亚当以前就有人的人发问：新大陆的未开化野蛮人是不是人？他们认为，亚当以前的人是与亚当截然不同的另一种人，而类人物种根本就不是人，因此，卡特勒法热先生所珍视

① 见马塞兰·布尔(Marcelin Boule)，《拉沙佩尔·奥圣人》(*L'Homme de la Chapelle aux-Saints*)；亚贝·H.布勒伊(Abbé H.Breuil)：《已知最古人种》(*Les plus anciennes races humaines connues*)，1910 年；亚贝·布勒伊(Abbés Breuil)、布索尼(Bouyssonnie)，《天主教信仰辩护辞典》(*Dictionnaire apologétique de la foi catholique*)，1912 年；艾米尔·卡太哈克(Emile Cartailhac)教授在图卢兹文学院的讲义。

② 尼安德特人(néandertalien)，早期智人，其化石于 1856 年在德国杜塞尔多夫的尼安德特(néanderthal)河谷发现。拉沙佩尔·奥圣人化石在法国多尔多涅省小镇拉沙佩尔·奥圣(La Chapelle-aux-Saints)发现。——译者

的“人类唯一性”之说便受到了尊重。不过，有趣的是，对于亚当以前的制度，虽有“佩雷尔的波尔多人”为佐证，且相继为胡格诺派和耶稣会（1655 年）所赞成，并使提出存在这一制度的人也颇感困扰，却从未受到过罗马教廷的正式谴责。

既然在“智人”出现以前并无人类，那么，应当说，人类从一开始就是有道德的，但却稳定在我们所熟悉的那种并不完全合乎道德准则的状态。其实，我们不再需要别的什么证据。一个物种在其性状稳定以前是不会存在的；一个物种一旦稳定下来，其基本性状也是不会改变的。人类是带着其基本特性——智慧而稳定下来的，而智慧即包括道德性；大家承认这一点，我们也就心满意足了。人类对待道德准则的态度必然是始终一样的；这种道德准则必然是始终指向同一个方向的。作为一个物种，或者稳定下来，或者相反；倘能稳定下来，它就会永恒不变。不过，某些搞人类学的社会学家和历史学家往往花言巧语，欺世惑众，这让人甚为焦虑。无论如何，史前人类总是未开化的，不大可能跟文明人具有同样的道德水平。诸如火地岛人、巴布亚人、布须曼人等，他们的风俗还很野蛮可憎。他们才进化到如此糟糕的状态，怎能同我们所说的人类道德一致性协调起来呢？

这里，亟须抓住关键，拿定一个主意，不要使我们自己淹没于相互矛盾、浩如烟海的材料堆中。这个主意就是：这是对历史的看法，对原始时期历史和史前史的看法，会逐渐得到证实的。无论我
38 们追溯到多么遥远的古代，人类总是显示出同样的独特现象：文明程度高和生活状态野蛮的族群同时并存，而且，总是文明族群较少而野蛮族群较多。但是，人类总在弃旧图新。正如古代拉丁诗人

所描述的，在时间的长河中，人类犹如接力赛跑，你追我赶，永不间断，将文明的火炬代代相传。我们从古罗马人、古希腊人上溯到腓尼基人、古埃及人、迦勒底人，上溯到希腊克里特岛新近考古发掘所揭示的神秘的米诺斯文明时期，都使我们对原始社会的发展程度深感震惊。那里的史前状况显示，在那些湖边村落存在着一种具有明显特征的新石器时代文明。而比利牛斯山脉那些非凡的彩色岩画则表明，那里还有过一种马格德林文化时期或奥瑞纳文化时期的旧石器时代文明。看了在图克斗杜贝尔发现的那些岩画以及野牛造型，我们会对人类的艺术天才留下深刻印象。那些人像岩画可能绘于 2 万年前，至少 1.6 万年前，显示出古代猎人都是比当代最杰出的动物画家还要高明的艺术家[①]。当然，理应补充一点，就是：新、旧石器时代的奥瑞纳文化还是相互隔绝的，古埃及文明、迦勒底文明和米诺斯文明也都是由于各自中断而相互隔绝的。但是，文明进步的链条渐渐衔接起来，环环相扣，节节上升。目前尚然不为人知的那些环节必然存在，而且终究会被重新发现；这是因为，倘若文明发展的链条没有连续性，下一个环节便无从解释。不过，文明的流向时常移徙，文明中心则不断从一个地区转到别的地区。旧石器时代的奥瑞纳文明在法国南方获得发展。而人类学家坚信，这一文明是由一个赶着亚洲大象、很可能来自亚洲的新种族带来的；后来，奥瑞纳文明衰落了，隔了一个时期继之而兴的新 39

① 见 W. - J.索拉斯(W. - J.Sollas)，《远古的猎人》(*Ancient hunters*)，1911 年；费尔德·奥斯本(Fairlleld Osburn)，《旧石器时代的人类》(*Men of the old stone age*)，1915 年；E.卡太哈克(E.Cartailhac)、H.布勒伊(H.Breuil)，《阿尔塔米拉岩洞》(*La Caverne d'Altamira*)，1906 年。

石器文明，似乎应当归功于一批新来的移民。这么说，在亚洲的某个地方，还有一个我们现今不知道的文明中心，而今后考古发掘会告诉世界一个令人高兴的结果。正如亚瑟·埃文斯[①]所说："在接力赛中，总是有一个长跑运动员等待着接传火把的。"埃文斯的名字是跟希腊克里特岛的考古发掘联系在一起的[②]。

不过，在那些文明人旁边，总有一些野蛮人存在，这同当今世界的情况相仿。有些悲惨的人类群体，艺术上没有任何发展。野蛮状况差不多到处都是一样的，因为低下的发展水平使野蛮人群体不消亡也得衰落。比如，在爱琴海诸岛的最深地层中，发掘出了加勒比人使用过的工具；在上迦勒底的乌尔尼纳(Our-Nina)前，文献资料上有一幅"饰有羽毛的人像插图"，那是一个野蛮人的头像。

现在应当这样解释上述事实：已有确凿证据表明，在我们所能追溯的远古时代，开化的人类和野蛮的人类曾经毗邻而居，同时共存。那么，那些野蛮人究竟是落伍者，还是被贬损者？应当承认，社会发展进程只是引导着一部分人前进，而将另一些人遗落在了原始停滞状态；或者相反，应当承认，最初所有人都是同一个进程的生力军，智力上、道德上处于同样的发展阶段，只是后来大部分人使自己跌入了低下水平。是一些人进步了，还是另一些人倒退了？两种说法，何者属实？这不是个新问题，但用历史学的观点无法解释，因为我们缺乏相关资料；而须从人类学的视角解答这些问题。

须知，社会现实表明，人类作为一个物种，其性质已经稳定在

① 亚瑟·埃文斯(Arthur Evans，1851—1941)，英国考古学家。——译者

② 见"前希腊文明发祥地考古发掘新资料"(*Données archéologiques Roucelles dans le berceau Egéen*)，载《科学杂志》，1917年第9期，第1—8页。

不能十全十美地适应道德准则的状态。事实如此，我们只能提请注意，而且这是唯一的解释：理论与实践之间、隐约追求的理想与 40
该理想的实现之间、道德准则与社会风尚之间，差异是不可避免的。记载人类历史的著述，不过是人们对所见所闻作出的没完没了的褒贬议论。全人类所追求的道德理想，其主要内容大体是一样的。可是，个人、团体和种族对道德准则的适应程度却是大相径庭：其中一些距离道德准则很近，另一些则很远。因此，帕斯卡对适应程度的千差万别和行为规范的相互矛盾发出惊呼：“真理总在比利牛斯山这边，错误则在那边！”[①]这一简明判断只是对那些人为的道德风尚和行为规范进行谴责，并未伤害道德准则和自然法。现今有些哲学家极力蛊惑人心，试图调查社会的道德风尚，从中抽象出道德准则。而道德风尚的历史只是一部厚厚的道德准则殉难者名录，是人类的意愿去削弱和对抗道德准则的历史，是不服从道德准则的历史。之所以如此，是因为人类不能彻底适应道德准则的本性，给违背道德准则和遵从道德准则提供了同样的机会。文明群体就是那些较能持之以恒地践行道德准则的族群，野蛮群体则是那些不大能践行道德准则的族群；而这种区别大概早在人类形成之初就产生了。

不管怎样，还是有人摇着脑袋寻思：岩画上那些远古奥瑞纳时代的猎人，肯定也跟费尼莫尔·库珀[②]笔下的特拉华人和莫希干

① 参见后面原文第181页所引“俏皮话”。——译者

② 费尼莫尔·库珀（Fenimore Cooper，1789—1851），擅写美国西部边疆冒险小说和海上冒险小说的作家，代表作有《拓荒者》《最后的莫希干人》等。——译者

人[①]似的头上插着羽毛，仍然不会像我们现代基督教徒一般去遵从道德准则。既有此疑，那就请允许我谈几点普通常识性的看法。

第一，不应将精神文明与物质文明混为一谈；不过，十分原始的生活条件和粗陋的生产工具，也不会产生高度的道德水平。对此，费雷罗[②]先生最近发表过一些很合情理的意见。

第二，甚至在已经懂得并培养、提高道德理想的人类群体中，
41 也要注意道德风尚的部分弛懈。人是一种复杂而分层次的生物，有些情况下重道德、讲文明，有些情况下却又伤风化、逞凶狂。荷马时代的古希腊人确实堪称高贵人类的榜样，然而，阿基里斯打败赫克托尔[③]以后，居然将赫克托尔的脚后跟切开，抽出肌腱，如同肉店老板在自己的肉案上切割牛肉一般；他还把赫克托尔捆到车上，环绕伊利昂（Ilion）的城墙示众。在我们的祖先高卢人那里，德鲁伊特教祭司们都会讲高妙的教义，可高卢战士却将其所杀敌人的头颅挂在营房大门周围，还要剥掉敌人的头皮！既然如此，根据10世纪大贵族们的兽行，根据西班牙宗教裁判所的暴行，根据许多朝代的淫秽世风，还有人想说基督教的教义纯洁而高尚吗？我们不会忘记，圣女贞德跟意大利文艺复兴运动和圣泰雷兹·德·拉伯雷（sainte Thérèse de Rabelais）[④]是属于同一个时代的。

应当说，任何一个文明人都有某种野性，不知何时会发作；任

---

① 特拉华人（Delaware）和莫希干人（Mohican），美国印第安人。——译者

② 费雷罗（Guglielmo Ferrero，1871—1943），意大利历史学家。——译者

③ 阿基里斯（Achille 或 Akhileus，阿喀琉斯），希腊神话中刀枪不入的英雄。赫克托尔（Hector），希腊神话人物。——译者

④ 拉伯雷（François Rabelais，1494—1553），法国作家，人文主义者，代表作是多卷本长篇小说《巨人传》。——译者

何一个野蛮人都有某种追求理想的内心，也会不时表现出来。耶稣会神甫不必用多少时间就能把瓜拉尼印第安人[1]改造成巴拉圭国家的好公民，信奉泛日耳曼主义的学者也不必把日耳曼的战士贬低到苏人[2]和科曼奇人[3]以下。

我的结论是，从历史观点看，认为人类在所有时代持续着一个同样的道德准则与认为该道德准则不断演化，这两种主张同样是站得住脚的。而从人类即“智人”具有永恒性的视角看，认为道德准则具有永恒性的主张，极其可能是真实的。从古埃及第六王朝陵墓中发出的声音，今天听起来还会以为是现代的。品一品下面这篇否认自己有错的忏悔录，我们会觉得很有意思：“我，来到这里，我找你，给你带来了正义，我早已摆脱了任何过错，我对人从来没有不公道过……，我从不撒谎，光说实话，我从不容忍任何背叛……，我从未让人挨饿，从未让人流泪。”从这种以富于公正、同 42
情、慈悲之心而自吹自擂的大话中，我们品出了某些永恒的东西。而且，我们丝毫也不想乞灵于《圣经》传达的神意。

至此，该作一个小结了。世上有一种性质业已确定下来的人，人类学家将其特性描述为“智人”，也就是有道德的一类人。之所以说它是有道德的人，是因为它在努力适应客观环境所提供的一种道德准则；人之所以努力去适应道德准则，是因为它的智力和本能之间缺乏内在平衡，这迫使它寻求一种外在的行为规范。而人

① 瓜拉尼印第安人，即瓜拉尼人(Guarani)，曾经散布于南美巴拉圭、巴西、阿根廷毗连处的广大地区，为典型的热带森林印第安人，今多聚集于巴拉圭。——译者

② 苏人(Sioux)，北美印第安人的一个部落。——译者

③ 科曼奇人(Comanche)，北美印第安人。——译者

不能完全彻底地适应道德准则，因为人的智力比较容易适应明白易懂的现实事物，人的意愿却不大容易适应道德准则。于是，人类稳定在这种不完全符合道德准则的状态。这就解释了社会道德风尚存在着诸多矛盾的原因，同时解释了道德理想以及正义理想的永恒性。这也就指明了一条道理，即：人们可以通过实证方法，重新发现自然法的基础。这种基础先于社会而存在，仅仅存在于人类之中。这是因为，尽管人类会组织成为社会，但在社会形成以前，人类始终是无组织的。因此，自然法只能以个人主义为基础，而这种个人主义由人类按照自己的观念进行了矫正，且染上了悲观主义色彩；这种悲观主义正是人类不能完全适应道德准则所产生的后果。这里无须强调人类观念的介入所产生的一切影响深广的后果。显而易见的是，与人类相联系的所有重大问题，诸如家庭问题、财产问题、权力问题等，在它们与有组织的社会相联系以前，就已经提出来并受到考察。无疑，人的大部分权利可能都植根于人类的天性之中，大部分社会权力也是如此。

现在，令人欣慰的是，我们在人类的观念中，重新找到了包括自由理想和正义理想的永恒的自然法的基础。我们可以高兴地告诉德国人了："你们能使奥西里斯[①]之船沉没，我们就能使它重新漂浮起来！"

① 奥西里斯(Osiris)，在古埃及神话中原是地上之王，教人农耕，为其弟塞特(Seth)所杀。其妻、子觅得尸体，使之"复活"为植物神、尼罗河水神和阴曹之王，负责审判死者灵魂。本书作者将德国人比作弑君的塞特。——译者

第二章 社会秩序、正义与法[1]

众所周知，我的同事乔治·勒纳尔(Georges Renard)在南锡讲授《法学研究导论》三年，十分成功，他的讲义现已分三卷出版[2]。 43

这三卷讲稿资料丰富，谈了些新鲜纯真、引人入胜的直觉预感，提出了深思熟虑的指导意见。他十分睿智，专心清理着通向自然法的门径。自然法先是同诸如意志、逻辑、常识等人类的主观力量相对峙，继之同被人认为含有客观性因素的见解诸如秩序观念、正义理想等相比照。要让人们理解自然法，不下一番功夫显然是不行的。

清理到最后，勒纳尔认识到，关键之点在于自然法同客观见解即同正义理想之间的关系问题；不消说，尤其是同社会秩序观念之间的关系问题。

我自己在教授国家与法的关系的过程中，研究探索，也跟他得出同样的结论，而且，我对社会秩序的看法日渐明朗起来。

---

① 摘自《民法季刊》(*Revue trimestrielle de droit civil*)，1927 年。

② 这三卷著作是：《法、正义与意志》(*Le Droit, la Justice et la Volonté*)，1923—1924 年；《法、逻辑与情理》(*Le Droit, la Logique et le Bon Sens*)，1924—1925 年；《法、秩序与理性》(*Le Droit, L'Ordre et la Raison*)，1925—1927 年。关于这三卷著作，请分别参看《民法季刊》1924 年，第 615 页；1925 年，第 870 页；1927 年，第 356 页。

应当说，我们两人殊途同归绝非偶然。这种巧合促使我作出决定，从筹划中的一部较大著作中，将几个章节梗概抽出来展开讨论。

44 1. 社会秩序与正义的区别及相互关系；

2. 开化定居民族社会秩序与未开化民族社会秩序的基本区别；

3. 开化定居民族个人主义社会秩序的要素；

4. 开化定居民族个人主义社会秩序的命运；

5. 法同社会秩序和正义的关系；自然法。

下面分别论述。

一、社会秩序与正义的区别及相互关系

我们认为，就其性质而言，社会秩序和正义均系客观概念，是人类精神可予感知的一种真实事物。因而，我们实际上将此二者视为社会现实。

尽管社会秩序和正义之间联系密切，但二者并非一回事。一定的社会秩序，或者说建立该秩序的某种制度，往往被说成是不正义的；而充满正义精神的社会框架有时又不大能够维持久远，因为这种框架不能适应维护社会秩序的起码要求。正义观念会诱发社会革命，而革命会打破现成的社会秩序；反过来，稳固的社会秩序也会使人们精神窒息。

（一）纵观长期的人类文明史，你会发现，社会秩序和正义有时相一致，有时相对立。两者一致时，社会就和谐有序；两者对立时，就会发生或久或暂的社会危机，时而相互妥协，时而进行整顿，都导致文明发展的延缓。

社会危机的众多实例最富魅力，引人瞩目。正是对它们的分别研究，可使人弄清社会危机的性质。比如，法国 18 世纪的革命危机，在 1789 年摧毁了中世纪的贵族封建制度，产生了民主平等 45
的新式国家制度，一种新的社会秩序取代了旧的社会秩序；但是，这却不是社会新秩序摧毁了另一种社会秩序，而是正义观念摒弃了旧秩序，新秩序则是为了社会稳定而建立的。应当看到，在革命前的准备时期和革命爆发后的最初数月，许多书刊、杂文、文艺社团和广为流行的歌曲，都在大造舆论，针砭时弊，传播正义观念，使“自由”“平等”“废除封建特权”“耕者有其田”等主张日渐深入人心。如果半个多世纪内正义思想没有成为沙龙谈话的主题，如果人们没有用正义思想直刺特权等级的要害，促使特权等级怀疑自己的特权，并进而规劝特权等级自愿放弃特权；如果特权等级还利用自己当时掌握的各种资源坚决自卫，那么，他们就可能起而对抗革命风暴。然而，8 月 4 日夜间，他们决定放弃特权，顺应潮流①。结果，正义使他们犯下一个无可挽回的错误。在他们心中，有一种悲剧性的冲突，或者说，有一种被埋没的殉道精神；为了正义，他们牺牲了整个社会秩序。

正是这种正义观念，即所谓“革命思想”，被法兰西第一共和国和第一帝国的军队带到了中部欧洲，所到之处，无不动摇了封建贵族的社会秩序。结果，由于神圣同盟联合反法并获胜，这才结束了

① 1789 年 7 月 14 日，巴黎人民起义，攻克巴士底狱。7 月 27 日，法王路易十六宣布承认“制宪议会”。8 月 4 日夜，部分自由派贵族正式提议废除封建特权。——译者

那一波革命；接着，在 1830 年以后、1848 年以后、1860 年以后以及 1918 年大战之后，一些地区相继变成了国家。

看来，在整个 19 世纪的中欧国家内，旧的社会秩序与新的正义观念之间的斗争大概是最容易让人理清的，因为这种斗争持续最久。

不过，土地革命尚未在所有国家完成；从某种意义上说，土地革命永远是不会结束的。自从有了靠耕田种地为生却不是佃农和雇农的人以来，土地问题总是被周期性地提出来的。

46 社会秩序要求给人以合法身份，难道正义观念就不赞成对种田人也这样吗？尤其是当他们辛劳经年、在土地上创造了丰厚产出的时候？

这种冲突可以说是永恒的，在新独立的斯洛文尼亚竟也表现得相当激烈，伊万・参卡尔[①]的小说《长工巴尔涅列姆和他的权利》对此就有反映：

一个年老体衰的长工，在同一个地主家里一干就是 42 年，又垦荒种地，又建造房屋。他应当被地主的儿子以他领过工钱为借口就随意撵走吗？他难道不该至少成为共同业主吗？他不要别人同情，他要正义，要当共同业主；他觉得，成为共同业主乃是他的权利。一开始，他平心静气地向他周围那些代表着社会秩序的人，他的新主人、镇长、神甫、法官、陪审团，直至十字街头的孩子们，诉说他的权利要求。可是，在他遭到蹂躏、欺负的时候，社会秩序的所

① 伊万・参卡尔(Ivan Cankar，1876—1918)，斯洛文尼亚作家、政治演说家，著作丰赡。——译者

有这些代表者都将他漠然拒之。于是，他怒不可遏，放火烧了地主的家，然后被当作纵火犯私刑处死。

目前，工厂的工人和老板之间纠葛不断，实际上也是个生产企业的共同业主问题。为了稳定社会秩序，有人赞成用工资待遇来解决相关争执；而流行的正义观念则主张实行共同业主制。下文将要介绍，共同业主制已在若干地方以个人主义方式予以落实。

可以说，在一切文明国家，虽然各党派的政治标签五花八门，关心社会秩序稳定、要求以正义为名进行改革的政党实际上只有两种。保守政党，或温和的，或反动的，主张维持社会秩序；改良主义政党或革命政党则主张正义和变革。在实践中，并非同一政党常有理；时而这种党正确，时而那种党正确，这要视具体形势而定。

当然，一个国家在进行正义改革时，务必顾及社会秩序，力避动乱，而此事相当复杂。再者，新的社会秩序即便浸透了正义精神，也不会让改革派长期满足。他们很快就会以新的正义概念或 47
更广泛的正义内容，要求进行新的改革。争端势必再起。法国人民，至少是尚未资产阶级化的民众，对于由法国大革命产生的资产阶级民主制，已经牢骚满腹许久了；他们的社会主义要求或共产主义要求相当高，这些要求从来都是打着正义旗号提出来的。这就是说，在实践中，社会秩序与正义要求之间的矛盾，总是以我们始料不及的复杂性和微妙性浮出水面。而现行社会秩序已经融入了某种正义性，恰如正义性改革也会融入社会组织体制一样。

况且，人们绝对不应忘记，历史上有过各种各样的社会秩序，它们无不持久存在并实现了自以为足够的、一定程度的正义。贵族统治下的中世纪旧制度，基于同1789年的原则相对立的原则，也建立了持续好几个世纪的社会秩序。那种旧制度也有其辉煌时期，形成了基督教的某种统一，促进了文明的进步，为实现正义而制定了自己的法律；那也是一个有组织的时代，尽管旧制度与新式民主制度迥然不同。

为了说明这种复杂性只要指出以下几点就够了。

1. 社会秩序变化多端，其组织类型多种多样，过渡形式无穷无尽。而正义的概念始终如一，只是结合不同的社会状况，利用各种特殊情势，发生一些量的变化。

2. 一种稳定的社会秩序实际上总是含有若干融入其中的正义，实际上也总是跟尚未融入其中的那一部分正义性处于对立状态。

3. 无论正义是否融入了社会秩序之中，正义与社会秩序总是可以分离的，因为两者追求的目标不同，甚至正义是革命的，与秩序追求的目标相反。

48 (二)正义所追求的目标是法学家保罗所说的平等和善行，努力使人与人之间在社会关系和经济往来中，为做善事而尽可能平等。至于社会秩序，只要是打算实现某种理念(而且，由于形成社会秩序要依赖诸多条件)，它就必须以社会状况的稳定为目标。因此，正义所追求的目标是比较个人主义的，秩序所追求的目标则是更具社会性的，两种目标不是同一种东西。

这里有一个例证：第一次世界大战后，为结束货币危机，受货币贬值影响的各个国家所采取的解决办法，又让人对不同目标之间的对立性有了理解。按照正义的要求，各国持有的外汇应当恢复到贬值前的价位，这是避免造成各债权国不平等的唯一途径。而为了维持社会秩序，大多数相关国家都要求将外汇价位稳定在战后贬了值的水平上；认为要复兴商业，亟须迅速稳定货币，而稳定货币乃是贸易稳定的必要条件。那时候，对社会秩序的考虑压倒一切。要补救那些非正义的举措，只能以后再说。众所周知，根本未予补救。狡猾的人用自己的闲钱购买国库有价证券，所受损失就比普通人少。大战期间，普通人全力支持国家财政，认购国家公债，结果全都泡汤，谁也没想过什么补救之法！人们都是急事先办，但求稳定，规避金融灾难。社会秩序双腿快跑，正义则跛足迟行。

行文至此，理应回忆一下那个按照地籍册分摊地产税的著名问题；此事争论了整整一个 19 世纪。问题并未解决，只因后来设立了新的分类征税制，原来的税额分摊问题实际上不存在了。不过，税额分摊问题又随着必然不平均的行政管理税的课征，而以新的形式再次爆发。问题是难以解决的，因为，无论用什么方法估算从业收入，公共秩序总是要求必须在全国范围内用限定的时间和限定的手段，开征这一税种。所以，过错在所难免。为了维持税收
稳定，不得不坚持若干错误做法。还由于维持社会秩序的任务刻 49
不容缓，它便压倒了正义。

在紧急情况下所追求的目标如此不同，往往使社会学家得出如下结论：社会秩序是比正义更为重要的社会因素。是的，必须接受这一判断。稳定的社会秩序可使我们远离灾祸。在文明国家里，大多数人宁可容忍某些非正义现象，也要避免遭受天灾人祸的

危险。社会秩序代表“最低限度的生存状态”，而社会正义是人们有时不大在意的一种奢华享受。更何况，社会秩序事实上左右着政府部门、司法机构的行动和强制措施的力度，且不排除在活动过程中采取其他制胜手段，以维持社会秩序的良好运转。

正义的改革往往得四面出击，既要反对政府有组织的暴力，又要反对广大群众本能的守旧意识。老百姓惧怕发生前途未卜的突变。

不过，有两个观察结论应能纠正上述这种太过悲观的看法。一是，无论哪种社会状态下的组织机构，甚至是充满非正义的组织机构，也都力图维持长久，因此，只能在其日常行为中，做些正义的事，以便博取周围公众的好感；这是因为，没完没了地采取强制措施，会令人厌恶。这是历史上有案可稽的“制度”现象，曾使社会组织逐步得到改善，渐趋文明开化；曾使 12 世纪的封建领主比 10 世纪更通情理，也使 20 世纪的工厂主比 19 世纪更加人道。二是，观察到我们上文业已述及的一个结论，这就是：随着正义的进步，存续较久的社会组织都会采取一些正义行动；如果此类组织很稳固，一代一代继承下去，那么，正义也就融入了这种社会组织。

（三）至此，我们可以试着给出定义了。我们知道，正义就是平等和善行，就是在社会交往和国家福利享受中进德行善，地位平
50 等。正义的若干内容尚需详述，而我们在此无暇顾及。善的概念尤其需要阐发。立法若是以善为依据，便是道德的；善也为心灵自由指明了方向。但是，我们这里只能满足于指出少许关键之点。

尽管如此，我还得补充两条。

一是，正义永远是相同的，而且，正在一点一滴地变为现实。

有一件过去的正义之举，可以说价值非凡:《伊利亚特》[1]中的战士，在战斗中败于敌手，便跪地求饶，恳乞对方留他一命，他愿做奴隶以为报偿。于是，他按照战时国际法的规定，合法地当了俘虏。就这样，一丁点儿正义便使他活了下来。因此之故，古代有那么多人成了合法的奴隶；他们以此换得了较轻的惩罚。同理，私人的隶农转换为领地农奴，也给了奴隶长期的合法地位。如此一点一滴地实现政治自由，就像公民自由的最初受益者仅仅获得微不足道的公民权那样，难道不也具有极大的意义吗？

二是，要想真正实现正义，须依赖在各种具体情况下做出的各种特殊决定。通行的规则很少是完全正义的，因为它们要同时面对三教九流。要使所有群体的问题都得到正确解决，就需要法官依据适用于各群体的规则作出判决。而通行规则、各种法律，作为维护社会秩序的工具，却比正义更加有效。

至于社会秩序，我定义为“通过促进社会结构均衡而促使社会状态稳定的一个过程”。上文指出过稳定性或稳定化这种追求目标。关于促进社会结构均衡化的办法，我指的是合理均衡，也已经在“公法原则”一章中做过探讨；还有一些要素，包括指导思想和动机，将在下文加以论述。

社会秩序与正义理想之间的关系，类似于雕塑雏形与理想美之间的关系。雏形虽是草样，却也有了一些美质；尚需艺术家进行 51
必要的修改，使之更美。社会秩序初建，已含若干正义因素；不断

① 《伊利亚特》(*Iliade*)，一译为《伊利昂纪》，与《奥德修纪》(《奥德赛》)并称古希腊两大史诗，相传为荷马所作。诗中穿插许多神话和传说。——译者

进行修改，正义总会更多地融入社会秩序中。

不过，有一个限度：进行修改不应打破社会秩序这座建筑物的静态平衡。民主的社会秩序会比贵族阶级的社会秩序实现更多的正义；但经验表明，民主的社会秩序更加不稳定。这是因为，自由环境中的平等会危及以权力专断为基础的静态平衡。

二、开化定居民族社会秩序与未开化民族社会秩序的基本区别

我称社会秩序为“通过促进社会结构的合理均衡而促使社会状态稳定的一个过程”。这些活动既取决于天然必要性，也取决于人的思想观念。只要我们仔细对比一下开化民族的社会秩序与未开化民族的社会秩序，就会发现，两种秩序之间的差别，皆源于定居民族与游牧民族的自然环境和思想意识的不同。

人类发生过两次大分化，先后出现了游牧人类和定居人类，亦即“流浪人类”和“有家人类”[①]。文明、历史以及我们的大部分家庭制度，诸如从政治观点说的国家制度，从社会观点说的私有财产、领地和个人法律上的交往，都是伴随着定居人类的出现而发轫的。

最后一批游牧民族，实际上属于史前人类范畴，若不能随机应变，与时俱进，很快就会彻底消失。他们只能用血缘关系和亲族关系联成一体，而这些关系往往是来历不明的。对于这整个社会残余，还有一道鸿沟需要跨越。

① 原文是拉丁文：“*l'homo vagus*，*l'homo manens*”。——译者

定居人类与游牧人类之间的差距，跟绑在长凳上加工过的贝壳与尚未脱壳、浮游于大海中的贝类动物之间的差别一样。人类 52
“作为唯一永远成长着的人”，其实是不折不扣完成了换毛、蜕皮、变形过程的一种动物。有文字记载以前的甚至在原始史时期以前的那些最先进的民族，很可能在新石器时代就完成蜕变过程了。如同一切生命的进化那样，人类的进化也是不可逆转的。定了型的艺术贝壳不会再变成蠕动着的贝类，蝴蝶不会再变成毛毛虫，定居社会也不会再变成游牧社会。

人类定居标志着新时代的到来。从此，人必须按照时令辛勤劳动，靠耕地播种讨生活。有了收成，马上得设法收藏积累，以备青黄不接。储存物就是资产的来源。同时，集中定居，为安全起见，就要建造城市，城市生活则会孕育文明，语言就是植根于往来交流之中。

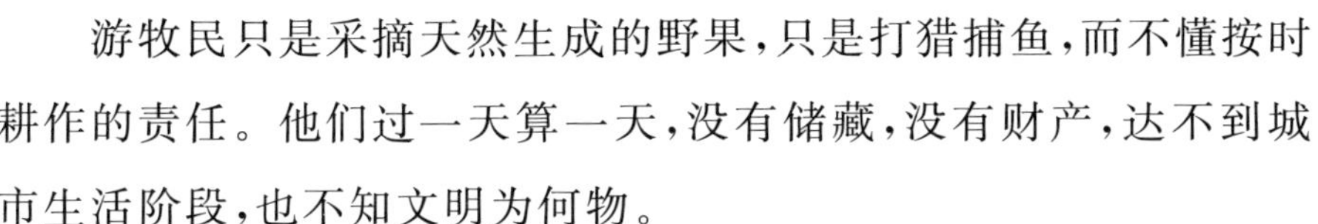

游牧民只是采摘天然生成的野果，只是打猎捕鱼，而不懂按时耕作的责任。他们过一天算一天，没有储藏，没有财产，达不到城市生活阶段，也不知文明为何物。

或许人们永远也不会知道，游牧民是何时、何地、受何等影响、以何种形式发生蜕变升华的。人类最古老的传说都与这最后的过渡时期有关，与农耕生活同牧业生活的斗争有关，那时的牧业已同农耕结合起来。在《圣经·创世记》中，刚刚失去极乐世界之后的故事，以及该隐和亚伯[①]的故事，最没有超自然的神秘意味，皆涉

① 该隐（Caïn）和亚伯（Abel），圣经故事中人类始祖亚当的儿子，该隐杀死了亚伯，西方人把该隐当作杀人犯的代名词。——译者

及农耕生活战胜牧人生活和游牧生活的情节。从道德上说，这种胜利带有凶杀色彩；而牧人生活、游牧生活日渐衰退的时代却被视为人类的黄金时代。当然，这并未阻止人们把该隐世系描述为城
53 市的创建者、金属的发明者，一句话，人类文明的首倡者。就这样，文明同定居和农耕时代联系起来了。希腊—拉丁文献中关于跟萨图恩[①]同时的黄金时代的传说，关于跟朱庇特同时的青铜和铁器时代的传说，都让人怀着对牧人生活、游牧生活的同样惋惜，回忆起同样的变革。

实际上，这种变革的初始阶段持续了很久，极其痛苦，人类很不习惯按照节令有规律地干活；说实话，人类对此从来没有习以为常过。更有甚者，私有财产滋生了冷酷无情的吝啬和贪欲，而且必然世代繁衍。这是一个尽人皆知的悖论，遭人厌恶，而这却是文明得以发展的一种基础。

幸亏发现了葡萄，情况有所缓和。在挪亚和巴克斯[②]之后，人们不再抱怨土地。饮酒产生的肉体快感，代替并使人遗忘了无忧无虑、随意游走的原始欢乐，使人能够承受劳作，容忍田畴界线的约束。在文明初现的黑暗时代，暴力横行，灾害频仍。尔后，可能有了新的族群、新的环境，开化、定居民族的社会秩序这才持久地建立起来。

并不是因为有了正义理想，定居文明才跟游牧社会截然不同；唯一的原因是，定居民族必须开展生产活动，这一点支配着它的社

① 萨图恩(Saturne)，古罗马神话中司掌农耕的神灵。——译者

② 巴克斯(Bacchus)，古希腊、古罗马神话中的酒神。——译者

会秩序。我们知道，在任何社会状态下，正义的理想都是相同的，即或多或少实现“平等和善行”。然而，人们不能把一种既不生产，也不工作的社会秩序，与经济生产居统治地位的社会秩序相提并论。

这两种建立在对立基础上的社会秩序，只能拥有不同的政治经济制度，受到不同原则的激励。

现在，集体主义政党善玩花招，困扰着文明的发展，说什么他们所推荐的社会制度符合正义的要求。我们可别上了这些标语口号的当。他们所说的社会秩序看似美的善的，却不能跟文明国家兼容并存，因为它没有能力确保生产。游牧社会地广人稀，靠野物为生，或许曾经生活在集体主义制度之下；虽不能保障生产，倒也没有什么重大障碍阻止他们接受集体主义制度。而文明社会人烟稠密，靠人造产品为生，不可能生活在集体主义制度下，经验已经证明了这一点。文明社会只能依靠个人主义的强大活力而生存，54
个人主义才能确保生产劳动永续进行。

所有这一切全都是不可逆转的。谁也没见过文明居民为了缓解生产压力而缩减消费、远离城市、返璞归真。相反，人们增加需求，急于进城，使生活日益复杂，从而推动生产更多的必需品。人们早就预言，随着农业时代中插进了一个工业时代，劳动强度将会加大，个人主义将会增强，各个文明民族建立美国式社会秩序的步伐将会加速。

假设万一夷平了城市，荒原再现，文明人绝不会再度变成游牧民；他们会在回归野蛮状态以前彻底消失。人们可以适应文明，而不能适应野蛮，生活的趋势即是如此。

三、开化定居民族个人主义社会秩序的要素

在人类蜕变升华的过程中，既有天然必要性，也有人的自觉行为和指导思想。

（一）在各种天然必要性中，我们早已指出了为生存而进行生产的必要性，因为土地自然生成的产品已经不敷所需。这种天然必要性本身也有若干起因，诸如气候变化无常，游牧者得过且过、55 挥霍浪费，更可能是他们人口增多。人口的持续增长，会不时被各种偶发性天灾人祸所打断，但增长永远不会停止；此事确凿无疑，自古迄今皆然。一个民族的历史只是在它以国家形态定居于一块领土上时才算开始。此前，它先是部族，后是狭义的民族。部族整体是居无定所，逐水草而迁徙的。然后，随着人口的增长，它变成半游牧民族，在某些区域建造了持久居留地；人口过多时，又推着小车，带着帐篷，移居他处。正是在这个发展阶段，日耳曼、斯拉夫、蒙古等蛮族，侵入了罗马帝国。而古希腊人、意大利人、克尔特人，早在人所未知的某个原始史时期，即已闯入西欧和南欧。同样的人口过剩现象继续在各个民族发生。各个民族只有在完全定居下来以后，才不会再整体移动，而会以个人外移的方式，像蜂群分巢似的，流向殖民地，从而消除人口的过度拥挤。

（二）无论是什么天然必要性导致形成文明社会个人主义的定居社会秩序，我们最感兴趣的还是在形成这种社会秩序的过程中人的有意识的活动。如果说，只是物质上的必要性，那么，对此，所有人种的所有部族早已有切身体会，而他们早就不再是游牧民和野蛮人了。但是，游牧民和野蛮人在一个世纪以前还有很多，而

且今后还会存在。实际上，其中有一个精神因素在起作用。落后于时代的野蛮人都是这样一些部族，他们缺乏对新事物的求知欲，畏惧转向农耕劳动；或者说，在历史的转折关头，他们之中没有一个人洞察情势，崭露头角，去探索有益的指导思想。这些人懒散消极，不肯稍作努力，以致深陷于宿命论和悲惨处境中不能自拔。

而面对同样的困境，开化的民族反应机敏，勇往直前，改变习
惯，参加劳动，并且在必要之时有伟大人物应运而生。这些民族的 56
首领和立法者，都在传说中被描绘成了半神半人的英雄；他们为重新安排世间秩序，设计了必要的指导思想，且具有强行贯彻这些思想的足够支配力。或许，这些民族比别的民族更有胆略；别忘了“困难面前勇者胜”的格言。但是，天生的果敢从来都是一种精神因素。当然，我们并不认为文明是一种超自然的事情；我们只认可这样一点：一部分文明是人类有意识地创造的。

这里需要搞清，究竟是人类的哪些有意识行为，促成了定居文明的发展。我们认出了三种，其顺序如下。

居首位的是，个人为命运所驱使，一心为其本人和家庭谋利益，自觉自愿，奋斗不止。

其次，社会团体为发挥保护、服务和惩罚这三种作用而尽心竭力。

第三，伟大的指导思想，或者说对文明的向往，为个人主义社会制度提供了精神基础，增强了个人的意志力，约束了个人的越轨行为。

1. 在个人的各种有意识的活动中，我们认为，只有适用于经济生活，也适用于政治生活的那些努力，才是有益于文明进步的。至于同家庭生活相关的一切，应当置之不论。

个人热衷于追名逐利、贪财谋权，至少是迷恋赌博、喜好投机取巧。法学家在职业上跟上述三种情况都很接近，我们只好把他们当作第四种情况对待；而且，他们的作用对我们的论证至关重要。

人类天生是赌徒，嗜赌狂念犹如对异性的热恋。这两种激情构成了人类行为的最大动力。

57 正是嗜赌狂念，以冒险投机为形式，产生了诸多重大举动。不错，原始游牧民在其小规模的狩猎和战争中也有些协作。但是，只有在史前的大规模狩猎活动中，众人协作达到了一定程度，才能揭开农耕事业的序幕。而且，大规模狩猎活动本身也揭示了发展农耕事业的部分原因。这种大规模狩猎活动源远流长，从旧石器时代，穿越新石器时代，直至尚无文字记载的原始史时代，历久不衰。在《圣经》传说中，宁录[①]就被称为“英勇的猎人”，被奉为城市的创建者和用绞刑架杀人的政治统治的奠基者。

这种同步性将我们带回到文明社会的草创初期。大规模围猎，导致那些喜欢冒险的人，在传统的社会约束之外，拉帮结伙，组成集团，准备过一种新的生活。此类团体不光打野牛、抓驯鹿，还要捉人，壮大势力，以便到处劫掠、俘获奴隶，强化自己的统治权威。这些集团建造了一些巢穴式城市。巢穴式城市大概比避难式城市出现得更早，甚至是避难式城市的先声。

在大致相似的环境条件下，第一批农业实验，真的被那帮打破了传统束缚、干农活时手边还备着弓箭、长矛的先驱者搞成功了。最初的成功者可能是猎手帮伙，也可能是仿照猎手帮伙的样子组

---

① 宁录（Nemrod），《圣经》中挪亚的曾孙，勇武的猎人，世间英雄之首。——译者

成的其他团体，反正农耕文明就这样偶然地登上了历史舞台。种地与打猎一样，除了存在遭到抢劫的危险之外，也会遇到各种意想不到的天灾人祸。猎物难打，不够用，庄稼也会歉收。旧石器时代马格德林文化时期的岩洞彩画显示，猎人们常为祈求神灵保佑多打猎物而举行巫术仪式。关于原始农耕时代的民间传说也表明，人们同样举行其他巫术活动以祈求神灵保佑庄稼丰收。

文明之肇端，为时已邈远，而迄今一切未变。新生产的发轫，总是由那帮比别人更敢冒险、以某种方式生活在普通百姓之外的人带动的。商人、工厂主、投机倒把者始终窥伺着时机，渴望着冒险。他们对商业投机、工业投机、股票投机莫不兴味盎然。农业冒
险成功，从而奠定了文明基础之后，文明大厦便日渐增高，而其每 58
一层都充溢着算计和投机。

投机取巧心理渗透在生产劳动中，以便用迷醉状态来缓解劳动的辛苦。当然，只有个人在为自己的事业而奔忙时才会如此。在雇佣劳动制下，所有劳动都是辛苦繁重的，因为绝不允许工人干活投机取巧。这也是雇佣制的一种弊端。每个私营企业主都显得一本正经，却挖空心思哄骗劳动者。一再失望也不能扭转投机心态。农妇佩雷特看到自家的奶牛、牛犊、猪和抱窝鸡四散跑掉，第二天照旧迈着轻快的步子去赶集，头上顶着奶罐，眼前还闪着“西班牙城堡”①。西方人的冒险投机，乃是把东方人麻醉自己的幻想变成了行动。

① 原文“le Château en Espagne”，直译为“西班牙城堡”，意为想入非非、白日做梦、空中楼阁。——译者

不过，进行投机也得有自己的工具、手段，这便是从生产盈余中积累起来的资产和敢于将这些资产投入事业的冒险精神。在个人主义文明社会，资产有双重功效：一是为伺机创业提供资本，二是体现平民大众所拥有的财富和所有权。这样的资产就成了稳定社会秩序的重要因素，因为资产所有者害怕丧失这些资产。上文曾经指出，人们由于担心发生社会灾难而宁可容忍某些非正义现象；最可怕的社会灾难莫过于丧失或毁灭财产。

因此，个人主义机制的潜在原动力不仅仅是一般个人利益，而是与投机精神、嗜赌激情结合在一起的那种个人利益。一个不再冒险的个人主义社会，就不会再有企业精神，因而就是一个死气沉沉的社会。

按其最深层次的理念而言，个人主义法律制度的轴心就是投机、冒险和进取；反映资产阶级生活的民法同样如此。当人们深入研究法律制度的核心内涵时，往往为这样一种力量所震撼：法律实
59 质上断然确认，人并非生活在现在，而仅仅生活在未来，这未来乃是出于投机心理而勾勒出来的某种几何轨迹。人们心中追逐的权利具有潜在性，是获得利益的一些渠道；由此观之，这种权利就是财产。法律人格只是获得利益的一种资格；真正的乐趣乃在于为获利而打拼。一切的一切都在于争取获得，并不考虑直接的享乐。也就是说，一切为了生产，根本不顾消费。

这种状况完全是唯灵论的，因为进取获利的乐趣在心灵上，而不是在物质上。法规对物质享受和财富消费同样不予置理。同时，这种状况总让人觉得风险四伏，因为，个人财产既是物主兴办事业的预算以及获取信誉的保障，又是其债主们的共同抵押品，并经常受到清算。

2. 我们认为，现在没有必要纯粹为了对称起见，就按规定对社会团体为制衡个人作用而起的反作用进行详细阐述。毋庸讳言，我们只想开宗明义，最简括地指出最重要的问题。众所周知，个人主义制度并不打算废除社会团体，而是小心翼翼地将就它们。它承认家庭权利、国家权利，甚至承认职业社团的权利。如果对人权的诸多革命要求中并不包括结社自由和创立团体的自由，那么，至少从可以结社、可以创立团体之日起，人权要求已经得到满足了。更何况，个人主义法制依情据理规定了许多个人对家庭和国家的义务。对个人处境具有单独重要性的是，在经济生产领域，个人的企业地位优先，而社会集体的企业乃至国营企业均居其次。在我们法学家看来，事实十分简明：用以规范个人私生活的私法， 60
已被公认为普通法、普遍法、一般法。而公法，无论它多么重要，也只是作为普通法的例外，成为制度的有机成分。

如果按照力学概念理解社会生活，则上述情况意味着，个人的推动是作用力，社会团体的推动乃是平衡作用力的反作用力。

国家制度在经济与政治分离的基础上组织这种平衡。个人从事经济活动，以资本的形态生产财富，取得产品所有权。国家搞政治，对国民行使权力。

国家正是运用这种政治权力以及由此派生的法律手段，得以对个人事业施加影响。这种反作用力大得吓人，致使个人被迫予以抵制，慎重自保。这样一来，宪法赋予国民的预防举措便可削弱、缓和公权力的干涉，捍卫人们所说的自由，而自由主要是指私营企业的经济自由。

假定所论可信，我们也只想让人注意，就这样受到抵制并被制服、已在为私营公司服务的国家，应当履行三项基本职能。

第一，它的政府须利用军队、外交、警察、法制、法院等工具，维护个人主义社会，确保其内外和平及秩序。

第二，通过行政管理来监督并服务于个人主义社会。

第三，用镇压机构以及教育事业来遏制个人主义的越轨违法行为。

3. 然而，并非大局已定。定居和开化民族的社会秩序须同三种因素保持动态平衡。在跟个人和团体展开的竞争中，文明思想
61 发挥着重大作用。并不是只有个人试图战胜社会团体，树立个人主义的优势；教会和文明人士也不甘退让，极力用自己的理想准则和道德观念影响人们的心灵，这也会使均衡状态出现倾斜。

况且，定居文明促进了人类智力的进步，使之更具理性。对私有财产的执着追求，使人产生了一种内在无我状态；而徜徉在私有财产之中，又深化了人的自我意识。所产财富的盈余使精英分子有了闲暇，可以更经常地从事脑力活动，这又势必产生诸多新思想、新见解。

看来，必须形成一种习惯，把支配社会潮流的思想观念和具体化为持久社会制度的思想观念，视为积极力量和确凿事实。在此类思想观念中，宗教信仰和道德观念特别重要。菲斯泰尔·德·库朗热[①]指出，古代城市的创建都是由新型宗教筹划的；这样说还

① 菲斯泰尔·德·库朗热（Fustel de Coulanges，1830—1889），法国历史学家。——译者

不够，应当说，人类整个定居时代的来临，都是新兴宗教进行酝酿并伴随着的。

不消说，那些宗教都是非常个人主义的。它们不仅关心拯救自己的信徒，而且，它们所树立的偶像无论有多少不足，至少表现出这样一种共同特征：他们都是个性十足、法力无边的人物。在他们后面，还隐伏着一个冷厉无情、决定人生休咎的古老的命运之神，原始人类对命运之神的存在深信不疑。正如宇宙起源论、神话传说、诗文唱词，尤其是罗马史诗所揭示的那样，宗教的偶像都在跟命运之神作斗争。新的进步应该是由新兴的犹太-基督教实现的。该教的上帝是唯一真神，更加神通广大，因为他是造物主，他的意旨和恩惠能够抵消命运之神的作用。

犹太-基督教给西方文明带来双重好处。首先是使西方文明摆脱了命运之神和宿命论的压力。而这种压力之大，使亚洲人及后来的穆斯林皆有切肤之痛。其次，犹太-基督教的上帝创世说使欧洲避免了泛神论的危险，因为泛神论是滑向无忧无为状态的另 62
一条路。不过，泛神论也减轻了上帝的困难，因为解除了上帝在捉摸不定的未来独自进行创造的重任。创世说则直接面对困难，且从一开始便将上帝当作世界的本原。创世说要求人们努力坚持上帝最初创造世界的信仰，可它又尽力把因果律推到首位，认为上帝始终是一切事业的原动力，任何事业都是上帝的一种创造。

另一方面，个人创业所要求的相机行事、辛勤劳作，本已造成某种禁欲、苦行的风气，又被宗教苦行主义强化了，被生命永恒、个人将在永恒的生命中获得幸福的信仰强化了。

这些唯灵论信仰激发了人们强烈的创造意识，有助于人们承受失望的打击，缓和愤怒的情绪。当然，文明的社会秩序并不仅仅建立在这些信仰的基础上，但这些信仰能使社会秩序的支柱臻于完备。

上述信仰给予西方文明的最大助益，乃是用道德准则牢固地约束住了狂热的个人主义天性。全部社会镇压机构皆以道德准则为依据，而道德准则又与宗教信仰联系在一起。要形成完善的道德制约机制，单有文明的唯灵论信仰还不够，严格的教育和训练方可产生巨大实效。问题的关键是，要使那些蛮横执拗的人能够持续不断地对自己进行道德约束，即便有人鼓动他们带头捣乱、诱使他们投机取巧时也不懈怠。当看到骑手紧勒缰绳，脚带马刺，胯下坐骑受到钳制，直吓得浑身发抖时，令人印象深刻，人们赞赏这样的马匹。不过，更给人深刻印象的是：文明人自装“马刺”、自紧“缰索”，自我约束，不越规矩。

思想信仰最近给予西方文明的贡献是，为西方提供了可以持久存在的基本社会制度。这种历久不衰的制度，使社会运行相对比较徐缓，循序渐进，逐步升级，让人们一代一代都觉得社会足够
63 稳定，可以为事业的发展做长期打算。由此，西方人抛弃了世事多变、无物可靠的想法；而此类想法纠缠着印度人的灵魂，使之遇事迟疑，不敢行动。

四、开化定居民族个人主义社会秩序的命运

现在，西方文明依仗暴力手段、非法买卖和思想观念统治着世界，但却远未将世界彻底同化。确实，差不多全球人口皆已进入定居时代，甚至皆已实行个人主义经济制度，不过，他们的主张并不

完全相同。许多地区还固守着农牧时代的懒散传统。各个民族并没有也不会有同样的信仰。简言之，他们没有同样的精神状态。别国居民进入我们的学校，借鉴了我们的物质技术，可他们仍然自闭于祖辈流传的精神状态之中，死抱着自大仇外的民族主义不放。

同时，西方文明现正经历着一场在言论自由制度下周期性的内部危机。在19世纪，批评精神时兴，创造精神萎靡，致使许多西方人对自己历来遵循的行为准则产生了怀疑。这种一时性的不利情况若是不跟我们周遭落后人口的反抗运动同时发生，倒也没有什么重要性。目前的欧洲形势引起了人们合情合理的忧虑，但尚未让人回忆起众蛮族包围罗马帝国的悲惨往事[①]。

这倒不是为西方文明而忧虑，而是为欧洲各文明民族而忧虑。一方面，文明可以迁往别的大陆；另一方面，即便欧洲再被蛮族侵入，它的文明也会继续存在，就像西罗马帝国遭遇入侵的灭顶之灾
后其文明照旧长存一样。现在，或许仍会发生新的入侵事件，欧洲 64
像古代那样为异族所同化。人们可能会看到一个新的中世纪；也就是说，在一段时间内，个人主义社会秩序将重新采取封建贵族的统治形式，民主的政治体制仿佛被取代，但是，个人主义原则却会保住。至于那些重要的文明思想，诸如宗教信仰和道德观念，将会胜利地跨过这第二个困难时期，如同它们曾经胜利地跨过第一个中世纪那样。

但是，如果当今欧洲的文明民族遭遇此祸，情况将会变样。有些民族将会在历尽千难万险后，在社会动乱中痛苦地消失。适当

① 参见H.马西斯（H.Massis），《保卫西方》（*La défense de l'Occident*）。

的做法应该是:奋起自卫,首先解决自身的内部问题。敌人不在国外,而在国内,危险正在于此。

不要怀疑我们的西方文明。它不是侥幸获得成功的,它体现了社会的终极真理。这样说证据确凿:西方文明所产生的一切,诸如充满理性真与美的西方著作,皆已变成了经典。

我们应该强调古典著作这种证据。这不是变相的实用主义,这是对明显例证的一种运用。千百年来,古典作品一卷卷、一部部舒缓地打开,细水长流,不仅展现在那些专业人士面前,也展现在全体公众面前,有目共睹。开头是艺术作品、文学作品、学术作品的创作,天才的作者们凭直觉从大自然中探得若干秘密。紧接着互相展开批评:任何艺术作品、任何文学新作、任何科学假说,一旦公之于世,便立即招来广泛挑剔。经过长时间的、屡次三番的论辩驳难,最后,作品受到子孙后代的一致赞同。使用直觉、推理、同感等所有理性形式的过程率皆如此,而每种理性形式各有其位。在发明创造中需运用直观感觉,在讨论中需要推理;在做最终判断时需考虑共同感觉。上述种种缓慢而反复的过程,确实最能使我们产生"这就是真理"的明显感觉。既然如此,还有哪个怀疑主义者能对古典杰作这种鲜明证据持异议呢?

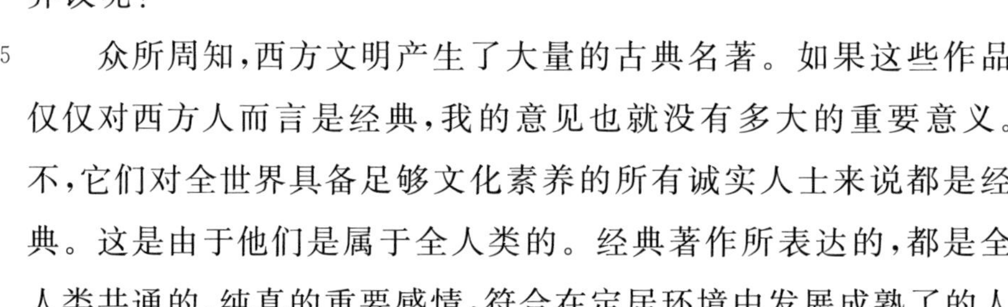

65　众所周知,西方文明产生了大量的古典名著。如果这些作品仅仅对西方人而言是经典,我的意见也就没有多大的重要意义。不,它们对全世界具备足够文化素养的所有诚实人士来说都是经典。这是由于他们是属于全人类的。经典著作所表达的,都是全人类共通的、纯真的重要感情,符合在定居环境中发展成熟了的人类本性。经典著作之所以属于全人类，是因为人类可以从中认识构成自己这个种类的若干特殊要素。不应忘记，古典文化、古典文学和语言知识，统统标示着“人类”这个名字。

在西方文明的经典著作中有一些科学成果。科学著作现在受争议最少，但很少有人了解它们被接受为经典的过程。它们原是一些直观的假设，经过多次吹毛求疵的实验而得到验证，最后获得公认。这都是一些统计事实，以平均数值为依据，势必遗漏那些反常情况[①]。然而，此类著作简明准确，已经足够我们用以对大自然发挥反作用。于是，人类就像造物主似的，继续在创造世界。如此，这些作品事实上也就成了科学经典。

确实令人称奇，此类科学著作本身无不直接以伦理学著作为依据，而后者十足是我们西方文明的经典。不过，读者通常觉察不到这种依据，因为人们忘记了，发现事实真相既需要有德行，也需要有适当的方法。发现事实真相的科学方法要求，学者需有求实精神和仁厚胸怀。在进行观察研究时要求真务实，在预先的假设被事实否定时要宽厚豁达。亚里士多德早已提出并使用过的研究方法，延至两千年后才产生了实际效果；若没有这些效果，就不可 66
能出现科研合作机构。怎么解释这种推迟呢？只能这样回答：为了使欧洲人能够造就足够数量的诚实而谦虚的学者去研究各种现象，需要时间对人们进行必不可少的基督教道德熏陶。在着手进行观察研究之前，必须充分发挥想象力。须知，化学始于炼金术，

---

① 参见 E. 布特鲁（E. Boutroux），《论自然法则的意外情况》（*De la contingence des lois de la nature*）；H. 普安卡雷（H. Poincaré），《科学与假说》（*Science et hypothèse*）。

考古学始于奇思怪想，社会科学则始于各种哲学成见。

不必算上文学、音乐和造型艺术作品，单是记述科学真理、崇高精神和圣洁德行的经典杰作，业已构成西方文明的一个雄辩有力的证据整体，若要从中剔除哪一件证据也是很困难的。

而且，生活现实会使一代一代的年轻人厌倦批判性分析的无聊游戏，体育运动又使之重新习惯于行为准则。他们自然而然地再次感知人类文明悲壮进程所揭示的真理。

五、法同社会秩序和正义的关系；自然法

法是一种行为准则，旨在同时实现社会秩序和正义。法律规范意在调整政治和经济之间的关系，使二者协调平衡。最重要的实际目的是稳定社会秩序。根据约定俗成的一种看法，还有另一种见解，认为社会秩序对法的影响通过一些清醒理智的规定，有时通过一些专断的规定表现出来。而正义总是以其“要有良知、有道德”的本义来影响法律。

验之以随便哪个民族的人为法，便知上述论断都是实话。法典中的法律规则，都是基于某种社会结构，为了使社会关系井然有序而制定的。其中，关于社会结构、社会组织和社会协调的成分，
67 要比关于正义的成分明显得多。的确，在关于社会结构的成分中，比如在各种注重形式的操作规范中，往往掺入一些随意性、想象性的东西。在罗马法中，比如在强制性法规和法定诉讼程序中，随意性因素不少，而此类因素在其他所有民族的古代法中都不易发现。于是，某些贵族和民族主义者在罗马法中为自己的主张找

到了根据。

社会秩序因素不仅使每个民族的人为法有了独特的面貌，而且使任何民族的人为法都像是该民族的全部法律；也就是说，都像是该民族法律规范的总和；而且，这个总体被分门别类编排得井然有序，恰与社会关系的层次和类别相适应。实际上，任何社会如果没有一种社会秩序，而只有正义，那么，法律规章也就无须分类了，因为正义只有一种，而社会秩序千差万别。

这种情况使我觉得，现在该再谈一谈自然法问题了。因为，关键是首先搞清楚，是不是会有一种法律总体上由社会秩序和正义共同构成；还要搞清楚，是不是绝对会有一种仅仅由正义准则构成的法律。

如果自然法只应该是正义准则的一种汇集，那就不会形成自然法这个概念了，因为自然法的概念同正义本身的概念从来不是一码事。况且，世人认为理所当然属于自然法范畴的《法学阶梯》[①]，也并非只包括正义准则。该书已经提出，“社会秩序是个人主义的，遗产、财产均应归个人所有”。该书还宣布，它的规定皆为法律准则，而不是正义准则。确实，自然法比人为法更接近人的本性；但是，人的真实本性、社会的真正性质究竟是什么样的？难道仅仅是在处理各种关系时正义、廉洁吗？难道不会同时要求有一个秩序井然的社会结构吗？人都是个人主义的。罗马法学家实际

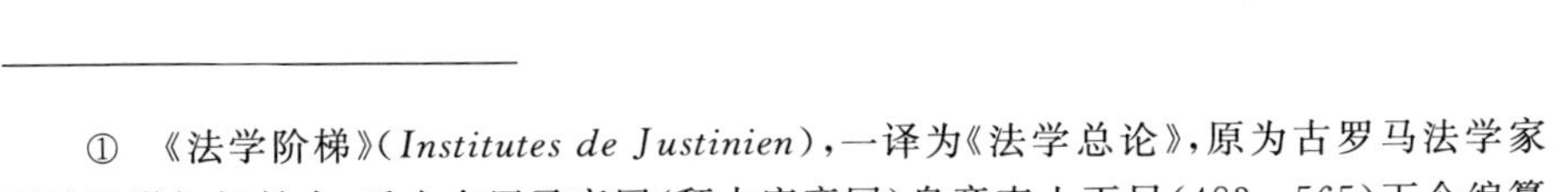

① 《法学阶梯》(*Institutes de Justinien*)，一译为《法学总论》，原为古罗马法学家所编法学初级教本，后由东罗马帝国(拜占庭帝国)皇帝查士丁尼(483—565)下令编纂并颁布为《国法大全》的一部分。——译者

68 上是把自然法跟万国法(国际法)[①]融汇在一起了,力图矫正罗马民法中的政治特权,并将正义、廉洁精神渗入法律之中。

倘若自然法是一种包含了某种社会秩序的法律大全,那么该秩序又是什么呢?乍一看,这个问题很难解答;其实正相反,如果人们承认,信奉自然法乃是一个曾经的历史事实,则这个问题很好解答。

要知道人们什么时候曾经笃信自然法,以及这种笃信跟什么样的思想总体状况和社会秩序联系在一起,只须考察一下历史便一目了然。显而易见,包括笃信自然法这样的思想在内的那种思想总体状况,只能形成于伟大的民主时代。

自然法的概念第一次出现在被罗马征服前夕的希腊哲学中。直至2世纪末叶,自然法概念都在罗马法律原则中居于支配地位。古代文明曾在数百年间呈现出这样两种特征:一是希腊-罗马世界的所有国家都实行民主政体;二是各国之间的法律交往使得融合产生一种各国适用的普通法成为可能。那的确是一个平等民主制与万国法同生共存的时代。

自然法概念形成时期的上述两种情势,在中世纪沉寂下来,到17、18世纪再次变得生机勃勃,通过自然法与国际法学派,重新影响着人们的思想。一个平等民主制和国际普通法兴盛的新时代喷薄而出了。格劳秀斯学派、普芬道夫学派和瓦特尔[②]学派,将个人

---

① 万国法,或译“国际法”。原文是拉丁文“*jus gentium*”。在古代希腊、罗马的法学理论中,这是指在正确、公正原则基础上建立起来、顺情合理、适用于各国所有人的法律制度。——译者

② 瓦特尔(Emmerich de Vattel,1714—1767),瑞士法学家、外交家,曾长期在德意志邦国供职。著有《国际法或自然法准则》《自然法问题》等。——译者

主义精神拓展到了国际法中。而在国内公法中，个人主义成为1789年法国《人权宣言》的基础。

就这样，民主时代适用于全体文明民族的普通法再次成为一个历史事实，这又激起人们对理想的自然法的关注。大概是因为民主政体拥有最多的平均主义、平等主义的正义内涵，最大限度地放松了对社会秩序的管制，以致社会结构有时濒临崩溃的边缘。69
贵族势力当然不甘心自己在自然法中被降为配角，绝不会轻易放弃自己的领地世袭权、长子继承权以及各种各样的社会特权。贵族势力振振有词，说自己的地位是历史地形成的。他们一般都会推翻那些一时间难以收拾局面的民主政体，极力在社会运行机器中恢复自己那曾被民主政体驱散了的权势。但是，复辟了的贵族政体太注重社会秩序，而正义性不足，他们的法规制度就够不上算作自然法了。

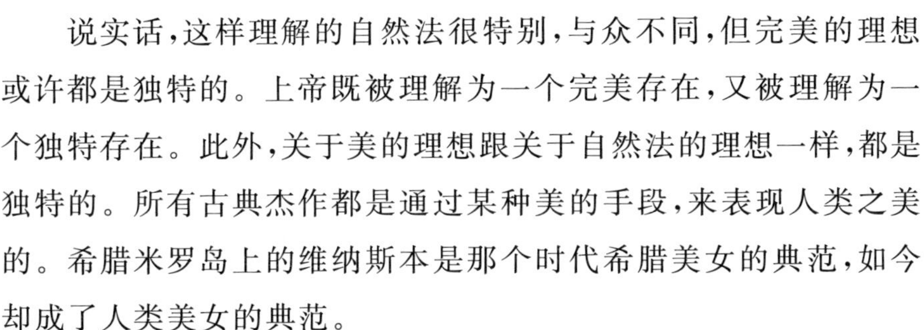

说实话，这样理解的自然法很特别，与众不同，但完美的理想或许都是独特的。上帝既被理解为一个完美存在，又被理解为一个独特存在。此外，关于美的理想跟关于自然法的理想一样，都是独特的。所有古典杰作都是通过某种美的手段，来表现人类之美的。希腊米罗岛上的维纳斯本是那个时代希腊美女的典范，如今却成了人类美女的典范。

照此理解，自然法业已部分落实。落实途径众所周知，这便是两个突出事实：一是被奉为“成文理性”的罗马古法，一是现代普通法。这两种法律制度相距两千年，却都有大量自然法，真是幸运之至。当然，还可以到别处去找自然法；不过，或许应该重复一下这句格言：“从未找到过的东西就不要再找。”

自然法特性突出，与众不同，而且已经断断续续有所落实。这便是对自然法问题的解答。对自然法的信赖是同民主时代相联系的，也只有再次遇到民主时代才能变得活跃有力。犹如一颗彗星，自然法时隔千年才意外地现身世间，在数世纪内为我们照亮征程，然后又隐没于宇宙深处，将我们抛入黑暗之中。这不是彗星的过错，彗星永世长存；而是社会的运行带着我们远离彗星，在跑了一个长长的大圈之后才又带我们向它靠近。

70 细思之，这个答案还真有几个好处。

1. 排除了关于自然法可以改变的想法。自然法本身是永恒不变的，关于民主社会秩序的自然法准则是这样，关于正义的自然法准则也是这样。但是，一方面，自然法只是表现在一些经典杰作中，这些杰作之间可能有相互促进的关系；另一方面，如前所述，自然法的实现是间断性的或周期性的。

2. 这一个人主义答案也使我们摆脱了社会主义和共产主义。这两种制度或许都渴望实现社会正义，但这种渴望与一些关于社会秩序进化的见解相联系。他们认为，人类应当走回头路，压缩商品生产，差不多恢复原始游牧社会的未开化状态。然而，人类向定居、文明状态的进化是不可逆转的。

再者，采取某些措施，可确保个人主义社会秩序永远拥有较多的平等正义。在美国，由于工资高，工人已开始购买自己所在企业的股票，从而获得股东权。

3. 理解了渐次体现在一些经典杰作中的自然法理想，这一答案又把我们带回到富于艺术性的传统定义。有一门法学，也有一些辅助性的法律学科，但是，作为社会秩序和正义的创造者，法乃是一门艺术，既是促进善行与平等的艺术，也是追求社会稳定与安全的艺术。任何法律理论都是一项艺术成就，而大体上根据法律理论设计的法律制度都是很庄重、很严密的。

要是把法律说成是一种技术，那就是肆意贬低。技术(technique)一词应该是专门用于若干手艺方法的。而法学家绝不是雕塑家或建筑师，不应与实践家混为一谈；法律也不是一种纯粹的实践。

乌尔比安[1]、帕比尼安[2]、居雅斯[3]同荷马，维吉尔、但丁同菲迪 71
亚斯[4]、普拉克西特利斯[5]、米开朗基罗[6]，同样都不能被定性为技术人员。用词不当有缺陷，会掩盖一些事实。作为艺术，法律和法学都是社会真相的揭示者以及社会秩序和正义的创造者。然而，谁能怀疑会不会有人滑稽可笑地把它们说成是一种技术？制订法律、研究法学比干一件技术活儿要求更高，得有艺术天赋，创造的东西须是一件艺术品，而不是一件技术产品。

① 乌尔比安(法文“Ulpien”，拉丁文“*Ulpianus*”，英文“Ulpian”，名“Domitius”，约160—228)，古罗马最后的伟大法学家之一，著作等身，多收入查士丁尼皇帝所颁的法律中。——译者

② 帕比尼安(Papinien，Papinianus，Aemilius，约 140—212)，古罗马法学家。——译者

③ 居雅斯(Jacques Cujas，1520—1590)，法国法学家。——译者

④ 菲迪亚斯(Phidias)，古希腊雕塑家，约活动于公元前 490—前 432 年。——译者

⑤ 普拉克西特利斯(Praxiteles，公元前 390—前 330)，古希腊雕塑家。——译者

⑥ 米开朗基罗(法文“Michel-Ange”，意文“Michelangelo Buonarroti”，1475—1564)，意大利文艺复兴时期的伟大诗人、画家、建筑师和雕塑家。——译者

第三章　权力、秩序、自由与客观主义法学派的错误[1]

72 每个学科都有其必要前提。科学需要一种决定论；当然，不是被拉舍利耶[2]、布特鲁[3]和 H.普安卡雷[4]等人批得一无是处的那种绝对决定论，而是相对决定论。法学研究需要自由意志，不是绝对的自由意志，而是相对的自由意志。法学迄今尚未具备哲理形态；我愿竭尽绵薄，为构建这一形态提供若干元素。

这些元素将从权力、秩序与个人自由的关系中汲取；这些关系应从历史进程中人为法的观点加以检验。展望全景，体现为制度、风俗和人为规则的社会秩序，旨在为权力和自由划定界限。万勿将划定界限与强迫服从混为一谈。人为法并不承认权力和自由从

---

① 摘自《形而上学与伦理学杂志》(*La Revue de Métaphysique et de Morale*)，1928 年。

② 拉舍利耶(Jules Lachelier，1832—1918)，法国批判理想主义哲学家。——译者

③ 布特鲁(Emile Boutroux，1845—1921)，法国哲学家，反对科学主义，批判决定论，著有《自然法的概念》《现代哲学中的科学与宗教》等。——译者

④ 普安卡雷(Henri Poincaré，1854—1912)，一译为庞加莱。法国数学家、理论天文学家、哲学家，驰誉世界。曾任法国科学院院长、法兰西学院院士。其堂弟雷蒙·普安卡雷，第一次世界大战期间任法国总统。——译者

属于秩序。在强制划定的界限内，权力和自由应享有一定的自主性。

千真万确，这种自主性本身也有一种走向秩序的趋势。权力和自由就含有某些潜在秩序，而这种自发趋势恰恰是其自主性的一个侧面。

这种趋势一旦变成现实，稳定的秩序也就由权力和自由建立
起来了。但是，这并不意味着人类心中的潜在秩序会自动转化为 73
稳定的秩序。正相反，这意味着，人们总是通过人的某些自由行为，以这些自由行为所强加的方式来开展活动的。况且，制定和执行法律还要因地制宜、因时制宜，形式多种多样，颇有发挥想象力的空间，且常常掺杂一些随意性。

历史上，各种社会无不是在大动荡中起步的。只有在进行了艰苦的征服，治愈了长期动乱所造成的苦难之后，社会秩序才能建立起来。到那时，那些原始部族也体认到了结合成为民族城邦的迫切需要。不知要经过多少世纪，部落与部落之间、家族与家族之间相互仇杀所产生的创伤才能得到根治，而这种创伤无疑是妨碍人们最终结为联盟的。

以上就是经过怎样的自主性阶段、在什么必要性的压力下，权力、秩序和自由之间逐步建立明确可靠的关系的过程。如果说这个自主性阶段是相对的，那么，从另一角度看，它也是不可避免的。

1. 首先，为了维系个人主义社会秩序，亟须个人兴办经济事业；而为了让个人顺利开展经营活动，在法的创制过程中必须给个人意志以相对自主性。个人需要有法律创议权并承担相关责任。

当个人采取法律行动、参与法律创制时，个人意志大概只能对自己法律行为的内容起作用，公权力掌握了执行权。但是，个人法律行为的内容就是各方所同意的决定和责任、义务；在此领域，个人意志起着支配作用。众所周知，遗嘱的条款由法官根据立遗嘱人的意愿作出解释，合同的条款由法官根据双方当事人的意愿作出解释；而法律，尽管公权力在其形式和批准方面作用巨大，其内容却是多方协商的结果，取决于个人意志，这一点还是相当重要的。

做个假设：如果我们要去加斯廷-雷奈特射击场打靶，从那里借了靶场、子弹和纸板靶。但最重要的事情，诸如装子弹、瞄
74 准、打出好成绩等等，还得靠我们自己。打靶时，我们的行动会受到限制，结果会得到验证；但是，在此范围内并不存在从属关系。

确实，在风行经济自由放任主义的时期，个人的法律自治领域是很宽广的，而今开始收缩。在工伤事故处理方面，现在有人指责劳动者滥用权利，意欲恢复旧制，用风险论代替过失论，等等。不过，这都是历史变迁所引起的。自由放任主义和国家干涉主义都在演进，两种主义目前的影响范围都不大。凡事应加分析，如圣米歇尔山湾的淤塞与拉芒什海峡沿岸的干涸就不是一回事①。个人意思自治和主观归责的原则，构成了私法和刑法即五分之四的法律的骨架。历史地看，这一法律原则是随着定居文明的缓慢进步

① 拉芒什海峡位于英、法二国之间。圣米歇尔山湾位于拉芒什海峡法国一侧的芒什省和伊勒-维莱讷省之间。导致淤塞和干涸的情况各不相同。——译者

而逐渐形成的。只要定居文明继续发展，就没有任何理由认为这一原则将会失效[①]。

2. 由拥有一定自主权的政权（政府）来创制法律，就人为法的制订而言还是必要的。可以反对政府的绝对统治权，但不能否定它的相对统治权。由人类群体所构建的政府，需要持续建立秩序，创制法律，这要求政府可以自己创制法律。

由政府自主立法，这会受到各种客观主义组织的激烈反对，比那些主张“凭个人意志自主立法”的人反对得还要激烈。这些客观主义者的出发点是，政府的统治权不具备充分的正当性，而且也不可能找到一个证据。显然，他们的记忆力出了什么毛病。

政府的统治权在很久以前即已合法化，合法性存在于被统治者的同意之中。实现这一传统真理的职责，由“五月花号”[②]货仓 75
里的英国清教徒承担起来；当时，他们正乘船赴美洲开拓殖民地。尔后，在美国独立日，他们又从档案中重新找出那个文件，将这一真理载入了《独立宣言》的开头：“权力的基础在于被统治者的同意。”

尽管有法律上的这一确认，还是要作些解释，以确定这一原则

① 关于定居文明，请看我发表在1927年《民法季刊》上的文章“社会秩序、正义与法”，第795页：“定居民族的生存以个人主义生产、私营企业和个人对法律的一定创制作用为前提。”

② 作者在此用了“五月花号”的英文原文“May flower”。这是英国移民驶往美洲的第一艘船。1620年9月16日起航，载有穷人、奴隶和被迫害的清教徒共102人。途中，清教徒商定了《五月花号公约》，主张组织公民团体，制订公正、平等的法律规章，要求官员关心公民福祉。此公约奠定了北美新英格兰各州组建自治政府的基础。1776年7月4日的《独立宣言》援引了它的有关精神。——译者

的相对性、充足性和必要性。

这不是政府的命令，命令的产生与法令的产生一样，都是人民所同意的。这甚至不是政府本身得到了人民的同意，而是政府以政治制度的名义在发布命令。随着时间、地点和形势的变化，会出现王权制度、国家制度或其他什么制度。关键是，在各种制度中，政治制度往往会得到国民广泛的同意。各种制度和法律规则通常均需获得人民的同意，而首先需要人民同意的是制度。一个政权先是创设一种制度，渐使国民习惯于遵守；然后，再打着该制度的旗号制定法律。如此这般，一系列法律规范就建立起来了。

这一解释并未提出一套详尽的权力理论，它纯粹是实践经验。耶林将上述情况称为“权力的预先保护”，如同占有是对财产的预先保护一样。实际上，这样进行法制建设能够满足所有需要：除了难以证明政府统治权的合法性之外，能确保政权及政治制度的连续性，能为权力的移转提供基础；能为成立合法政府和事实政府的反对派设定依据，能适应事实政府转化为合法政府的动荡局势，甚至蕴含着代议制政体理论的萌芽。萌芽之说起因于：当首领们“以属民所同意的某种政治制度的名义”发号施令时，他们尚未取得合法权力，也就是说，他们在以代表的身份开展活动，但还不是人民的代表，而是人民所期望的某种制度的代表。

76 3. 给社会秩序以一定程度的自治性，这本身对于人为法的生命力就是相当必要的，因为，人为法并不是要顺应一切，而是要限制一切。我们上文已经谈到过体现社会秩序自治性的一种形式，即：人类在谋求权利和自由的过程中，内心对秩序的潜在向往也渐趋强烈。社会秩序或许只有通过人的自由行为才能实现，尽管秩序并不需要自由行为，但却曾引起自由行为。

社会秩序自治的特有生命力还表现为另一种更具客观性的形式，这便是各种制度，尤其是行会制度。宪法秩序的全部秘诀就在于创建充满活力的制度。宪法作为基本规范没有什么意义，作为制度的组织章程才有意义。宪法制度都会限制权力、相互平衡，且根据需要而不断演变。说政府缺乏自我约束能力那是目光过于狭窄。让政府暗下决心，自缚手脚，那是毫无用处的；创建灵活、有力的相关制度，才能使政府循规蹈矩。最近一个世纪，法国历届政府不断表示决心，要随意拿出一些预算资金，分期偿还国债，但却从来没有拿出过。1926 年 8 月，通过一个宪法修正案，规定组建一个独立核算的偿债基金局，并为之拨付一笔资金。从此，分期偿债运转正常，国家预算机关每年都给它拨付适当款项。

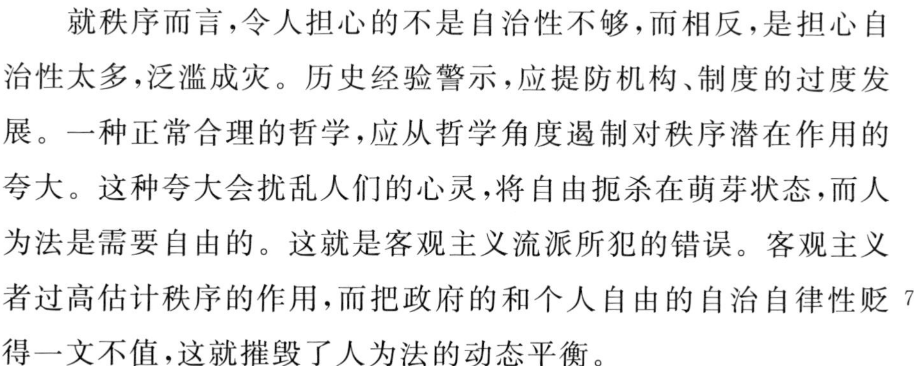

就秩序而言，令人担心的不是自治性不够，而相反，是担心自治性太多，泛滥成灾。历史经验警示，应提防机构、制度的过度发展。一种正常合理的哲学，应从哲学角度遏制对秩序潜在作用的夸大。这种夸大会扰乱人们的心灵，将自由扼杀在萌芽状态，而人为法是需要自由的。这就是客观主义流派所犯的错误。客观主义者过高估计秩序的作用，而把政府的和个人自由的自治自律性贬 77
得一文不值，这就摧毁了人为法的动态平衡。

※　※　※　※　※　※

有人发现客观主义流派的弊端可能已经很久了，但困难在于让公众了解。得感谢维也纳的汉斯·凯尔森[①]教授,他给我们提供了一个揭露错误的机会。在我们即将进一步分析那种很敢创新的优雅制度中,把客观秩序视为静态的秩序,并使动态秩序紧紧服从静态秩序。这实际上就阻碍了法律的变动。而人为法是随着历史的发展变化而发生、发展的,基本上是一种运动中的法律。一目了然,矛盾和错误是明摆着的。

要说那么一个有才华的法学家和哲学家凯尔森居然发现不了自己设计的制度如此不可接受,这话听起来像是假的!然而,只须了解两点,就知道他的毛病了。他认为,社会秩序跟社会稳定一般是同一回事,此其一;其二,社会稳定通常都被当作一种静止状态。而实际情况正好相反,社会稳定恰恰是一定程度上的运动状态。

"社会稳定乃是一个井然有序的社会制度舒缓而均衡地演化运动的结果。"这一概念是直接从历史经验中演绎出来的,也能在机械学和热力学中找到;关于某个物理系统稳定性的众多假设,也会归结为同样的公式。一个充满活力的有机体的稳定性,也具有同样的秩序,因为任何有机体的各个部分都在不断变化,只是这种变化是舒缓而均衡的,因而,有机体的总体平衡不受影响。

---

① 汉斯·凯尔森(Hans Kelsen,1881—1973),奥地利法学家,赞成客观主义。曾在维也纳、科隆、日内瓦、布拉格的德意志大学任教,参与起草1920年的奥地利宪法,担任过奥宪法法院法官,阐述了一种法律"纯粹理论"。著有《国家法学说的主要问题》《法与国家的一般原理》《国际法原理》等。1940年移居美国,曾在哈佛大学、加利福尼亚大学等校任教。——译者

所谓稳定，并不是绝对的静止，而是一种缓慢、均衡的运动；这样的运动能使某些事物以人们习以为常的一般形态持续存在。大家在时间隧道中旅行，生命有长有短；而当其周围所熟悉的社会环境改变得不是太快时，他们便会产生社会未动的印象。78
这种相对的稳定使其对幸福的渴望得到满足，甚至还满足了他们伺机创业的欲求，因为他们的种种盘算都是建立在这种相对稳定的基础上；说实话，他们的盘算不过是对未来可能性的种种推测。

他们所说的“动乱时期”和不稳定、无秩序的时期，是那些社会演进加速或迅猛滑向革命的时期。其间，整个社会局势失控，制度解体，部分得以维系，部分崩溃衰亡。

于是，人们尽皆努力，希望社会变得稳定，不知不觉促成了相对稳定状态。

这种发展又令人赞赏地掺入了柏格森[①]在《创造进化论》中阐述的“持续时间”和“生命”这两个概念。照这位卓越哲学家的意见，自然界存在着一种“生命冲动”，其特征是连续创造出新事物，并由此在其不可逆转的前进运动中，以某种方式创造出“持续时间”。这是真的，而且他才华横溢，是把对“持续时间”的创造，归结为以生命繁衍来创造新事物。不过，似须补充一点，只有放慢创造新事物的节奏，才能创造出持续时间。因此，生命形

① 柏格森(Henri Bergson，1859—1941)，法国哲学家，“变的哲学”的创始人，“非理性主义”的主要代表。试图建立“持续时间”概念，与科学上所使用的受空间限制的时间概念相对立。1907年发表《创造进化论》一书，认为“生命冲动”是生物不断进化，不断产生新生物的源泉。1928年获诺贝尔文学奖。——译者

式的进化总是通过物种演变的不同阶段表现出来，而社会形态的进化则表现为制度演变的不同阶段。在物种内部和制度内部，形态转化的运动既是渐趋缓慢的，也是渐趋均匀的。若无运动速度的渐缓渐匀，则生命之树便会如昙花、电光，仅仅闪耀一瞬，繁茂一时。

生命冲动在快速前进时，势必会遇到种种摩擦和抵抗，这便是速度趋缓的天然原因。但在社会领域，尤其是涉及国家结构之时，一旦演化受阻，人类就会赶来帮忙，千方百计干预自然进程，促使各种力量保持平衡状态，让钟表的指针、摆锤、机轮协调运行[1]。

79 社会制度的运动之所以缓慢而均匀，乃是稳定性力量和变动性力量之间对立斗争的结果。可从这种对立斗争中明确看到两种情况：

其一，变动性力量总能胜过稳定性力量，但胜得十分勉强。这就是为什么社会运动一般是缓慢而均匀的。不过，变动性力量终究会取胜，否则，社会就不再运动，一点儿也不再运动；如此，则不会再有生命，因为生命正是一种运动。

其二，变动性力量未必是动乱力量，因为有些变动旨在组建更好的秩序。稳定性力量一方，也并不总是想要维护最好的秩序。

---

① 如果我早就看过柏格森的《创造进化论》(*Évolution créatrice*)一书，我就不敢冒昧地做出上面这点补充了。但是，我关于缓慢而均衡的社会运动的观点，关于从机械学、热力学中总结出来的平衡观点，在我先后发表于 1896 年和 1899 年的《传统社会学》(*Science sociale traditionnelle*)和《社会运动》(*Mouvement social*)中已经出现。这是一种单纯的巧合。我承认，创造新事物的观点要比关于运动放缓的观点更难获得，难得多。

很显然，即便在促成了社会有序运动的动态平衡中，也还是会有物质力量与精神力量的对立斗争。在这里，我对精神力量和物质力量不偏不倚，认为二者均须顺应舒缓、均匀的相对运动状态，而这，才是我在此唯一感兴趣的。

人为法的生命力正是在这样的历史背景下展现出来的。昨天的社会秩序和人为法，今天就变了样，明天又会成第三种样子。过去、现在和未来正是同一种社会秩序和同一种法律进化的几个阶段。这些阶段一个紧接一个，形成了系列；而同时并存的各种关系又把制度的各个部分联结在一起。整个制度有什么样的过去，就有什么样的现在；有什么样的过去和现在，就有什么样的未来。在任何繁荣安定的时代，均应用这样的历史眼光去审视人为法，这是最接近真实的。

让我们来考察一下客观主义的和静态的体系：这种学说体系 80
通常自称是客观的，事实也是如此，因为他们排除了人的有意识的行为，而有意识的行为是主观性的源泉。不过，这些体系尤其是静态的，这源于他们对社会秩序的错误见解。我们将从静态角度考察这些体系，因为正是这一方面使它们与现实生活不相容。

我要分析两点，殊途同归，达到同样的结果：一是凯尔森的体系，一是狄骥[①]的体系。

---

① 狄骥（Léon Duguit，1859—1928），法国法学家，社会连带主义法学派创始人。认为法律规范是社会规范中最高的，而法律规范的整体就是客观法；人为法是实在法，是客观法的反映。著有《宪法论》《法与国家》等。——译者

1. **凯尔森教授的超验静态法体系**[①]。

我们之所以从这个学说入手，尽管从时间上看它是最晚的，首先是因为它是超验的，其次是因为他的结论逻辑性强，也清晰分明。

再说，我们无须分析该体系的内部结构，只须分析其前提条件。他从两个方面阐述了他的体系：一方面是法律秩序和国家秩序，这是静态的；另一方面是秩序的创建，这是动态的。这种两分法可能会带给凯尔森一些美妙结果；但是，他却说动态方面从属于静态方面，这就把事情搞糟了。

静态构想。在这种构想中，国家法律秩序被看作“实践理性之绝对命令”的体现，他这就直接把超验哲学术语引入了社会。他再次提出了寓于“存在”[②]（自在之物）概念之中的“应然”[③]（应在之物）概念，以使其与秩序相一致。这“绝对命令”一语，引自康德[④]哲学，被说成是优于人类意识之“客观理念”的一种安排。客观理
81 念对人类意识具有强制力。人类意识只能形成某些主观概念，去协助实现客观理念（见《公法杂志》第 565—570 页文章）。

① 概述自：1926 年《公法杂志》第 561 页上凯尔森的文章“国家一般理论”；凯尔森的德文著作《国家法学说的主要问题》（*Hauptproblem der Staatsrechtlehre*，1911）和《一般国家学》（*Allgemeine Staatslehre*，1925）；科尔劳施（Kohlrausch）的《法学与国家科学百科全书》（*l’Encyclopédie de la Science du Droit et de l’État*）第 18 卷。参看狄骥在《宪法论》（*Traité de Droit Constitutionnel*）1927 年第三版中所作的分析和 J.-L.昆斯（J.-L. Kunz）发表在 1925 年《根特国际法杂志》（*Revue de Droit international de Gand*）第 564 页上的“国际法至上”一文。

② 原文为德文“Sein”，作者以法文“Ce qui est”作夹注。——译者

③ 原文为德文“Sollen”，作者以法文“Ce qui doit être”作夹注。——译者

④ 康德（Immanuel Kant，1724—1804），德国哲学家，德国古典唯心主义创始人。生于东普鲁士的柯尼斯堡（今俄罗斯加里宁格勒）。著有《纯粹理性批判》《实践理性批判》《道德形而上学基础》《自然通史和天体论》等。——译者

但是，这位作者不仅仅是个康德主义者，他还公然声明是个唯心主义的泛神论者，因而也是一个一元论者。他的一元论直接通过第二个前提条件表现出来，即：在他的静态构想中，国家与法律是浑然一体，不分彼此的。二者之间之所以存在同一性，是因为国家只不过是“规范”所进行的法律安排，国家的机关和职能皆来自“规范”；因而，国家权力本身也不过是法律制度为了进行控制而发挥效力的结果，因为国家本质上是一个强制性机构（见《公法杂志》第 572、574 页）。

被当作法人的个人本身，也只是“规范”规定的结果；这种规范仍然跟国家和法律的安排有区别，而且，各种规范也是互不相同的。

在这个唯一理想的体系中，实在的事物不见了，一切都被说成是“规范的安排”。然而，个人必须服从国家，至少也得在尽义务的形式下，遵守国家的法律制度。

但是，反过来，个人却不必享有什么权利来对抗国家。因为，按照他们设计的法律制度，国家是不负任何强制性责任的。这势必产生严重后果，不仅会否定政治自由，甚至也会否定公民自由。

动态构想。谈及国家法律秩序的创建问题，凯尔森使我们进入了他那有历史根据的动态图景。在他的构想中，我们会看到一些饶有趣味的东西。比如，从静态观点看，国家权力必须保持统一性和不可分割性（国家权力只是法律制度的产物）；而从秩序建设的动态角度看，实行三权分立则是有利的（《公法杂志》第 620 页）。

至于法源，我们看到，在凯尔森的动态构想中，有些法可能是 82
由立法机关、规章制定机关等等机构创制的。不过，我们可以谨慎地相信，正是在这种动态图景中，凯尔森又回到了正统学说，认为法律由法制机关自由创制。当然，我们千万不要忘记，照他的意见，动态构想仍然是受静态构想支配的；而且，人为法的来源还是受制于先验法。首先，人为法的来源是严格分成等级的，最高级别的是人们制定的国家宪法。凯尔森希望，人们能够一直追溯到国际法规。但是，无论如何，在最高级的人为法之上，也还是有一种假想的超验法。问题是，不管哪一个等级的人为法，都没有什么创制自由，所谓“任何法律规范都是根据高级规范的指示确定的”。而且，高级规范并不是给人为法的创制提前确定程序，而是确定基本准则。

这已经不再是一种用于事后纠错的体系，而是一种事前预防的体系。在有些国家，有时制订恶法，那里就得实行事后纠错制，对法律是否符合宪法进行法律监控。而按凯尔森的意思，事先一旦发现法律条款违反假想中的宪法，就得立即宣布其无效，根本无须经过审议。国家权力难道不是一套有效的体制？难道在法律上是无效的？我们注意到，作者凯尔森偏爱行政官员而轻视法官，这很合他的逻辑。依他之见，在一个井然有序的制度中，法官只是引发秩序混乱的一个因素；因为法官握有难以控制的裁判权和自发创制法律的权力；他们有可能既不恪遵规范，也不忠于假想的宪法。一个训练有素的行政官员或许更加自命不凡，凯尔森却对此不置一词。拿破仑不是也曾为把他的《民法典》交付法官而忧心忡忡吗？

凯尔森体系评析：

（1）这个体系在德国不是崭新的东西，我们只评价了它的前
83 提，而未评价其内部结构。凯尔森通过他的体系，以令人钦佩的毅

力和技巧，推动源自康德、中经费希特和黑格尔①的思潮产生了最终的逻辑结果。我们这位正直的同行，在其 1911 年以前开始构思和草拟、1920 年面世的《国家一般理论》一书中，汲取了康、费、黑的若干思想观点。他实际上承认法与国家相混同，认为法的重要渊源就是国家宪法，但他又希望尽可能限制国家权力的作用。

看起来，有人似乎又要回归德国哲学思潮，以便逃避当局②见解的危害，至少这位正直的先生是如此。但是，绕过一块暗礁，还会撞上另一块更加隐蔽、同样凶险的暗礁。

(2) 实际上，如果说他的法哲学回避了关于国家统治权的理论，却未能躲开绝对命令的支配；这个绝对命令本质上等于是强制性的社会秩序。个人相对自由所应享有的至上地位，被社会秩序和权力机关的至上地位所取代。基本原则不再是“法不禁止即可为”，而成了“凡不符合假想宪法的，皆无法律价值”。此外，他还昭告世人：“国民不必享有对抗国家的个人权利，因而也就不必有自由。”这么说，在他的静态体系中还有什么自由可言？

对法来说，这样的哲学桎梏比神学桎梏更坏。天主教神学将人的自由摆在首位，上帝仁慈地将神授秩序推荐给人类，并不认为这种秩序具有强制必要性。而康德以后的那些唯心主义泛神论法学家，却试图将他们所构思的社会秩序当作一种必需品而强加于

① 黑格尔(Georg Wihelm Friedrich Hegel，1770—1831)，德国哲学家，德国古典唯心主义集大成者，著作等身。其哲学是马克思主义哲学来源之一。恩格斯说他也“拖着一条庸人的辫子”，身上有“德国的庸人气味”。——译者

② 原文系德文“Herrschaft”，统治、政权之意。——译者

人类。雷德斯洛布[①]先生就抱有这样的幻想[见《公法杂志》，1926
年，第117页]。康德以后的这种法哲学在法国没有一点儿市场，
不是因为它晦涩，而是因为它太好懂；不是因为人们拿它作智力游
84 戏，而是因为它太一本正经。总而言之，因为它的倾向跟法的倾向
扞格不入。只有自由哲学能跟法谐和兼容。

2. **莱昂·狄骥的客观法静态体系。**

20多年前，狄骥的这个体系同凯尔森体系的出发点根本不同。狄骥讨厌形而上学，声称要做唯实论者，也就是说，只承认人的感官能够感知的东西。他似乎更像涂尔干和奥古斯特·孔德[②]。他很想把权力因素从法源中排除掉。一方面，他认为，一个人的意志无论如何也不能强加于另一个人；他否认权力机关可以代表大家所同意的某种制度来行使法定权力。另一方面，让当时统治德国的政权教义深感忧虑的是，他主张，必须不惜一切代价使国家服从法律。而且他不知道，除了阻止国家以权弄法之外，还有什么更好的办法。他说，既然国家创制法律，就没有办法让它服从法律；不应指望国家会主动自我约束，这没保障；它今天作出的内部决定，可能为明天的另一个内部决定所摧毁。他不曾想到，应要求国家实行客观公开的自我限制，尤其是宪法的专门限制。结果，

① 雷德斯洛布(Robert Redslob，1882—1962)，国际法和民法专家，生于斯特拉斯堡。该市历史上曾属德国，后属法国，普法战争法国战败后，于1871年划归德国，第一次世界大战后，于1919年又归法国迄今。——译者

② 奥古斯特·孔德(Auguste Comte，1798—1857)，法国实证主义哲学和社会学奠基人，创用"sociologie"(社会学)一词，曾同法国空想社会主义者圣西门合作多年。——译者

他主张进行制度创新，为国家的某些倾向设置障碍。

无论他对政权机构立法权的不满有无根据，我们这位同行还是主张法与国家彻底分离，其立场跟凯尔森恰好相反。如今，他要建立一个不依赖国家、不依赖政权、也不依赖形而上学的法律体系。

他的出发点是实证主义，把他所设计的社会领域的秩序，视同自然界的秩序，从这种秩序中引出若干规范。在他的学说中，最高级的规范没有清晰可见的来源；次要的规范来源于萨维尼学派所说的习惯法和觉悟大众的思想感情。这些规范重要而严厉，连那 85
些可能是反抗压迫的社会敌对势力也得予以认可。

这样的规范并不多，却体现着整个法律制度的效力。政权机关无疑会制定一些工作所需的准则，但此类准则自身没有法律价值，只有在其符合某个规范时才会获得意义。个人之间签订协议、表达意思，也只有在符合规范时才具有法律效力。……如此等等。

至于惩罚、制裁，直接处于社会和国家的严密监控之下，相关规范不是强制性的，只是应该执行的。人们暗想，狄骥为什么坚持要取消这方面的“法律强制性[1]”呢？有人甚至寻思：真有什么没有“法律强制性”的法律规范吗？是不是只用“强制惩罚训诫”来定义法律就足够了？人们会不会由此逐步滑向纪律制裁，因为这其中的强制措施也是直接为既定社会秩序服务的？特别是，既然“法律强制性”也允许法官居中调解，是不是今后的刑法也不再有强制性了？

光提出上述反对意见还不够，我们还要竭力清除他那体系中的静态性质。

---

① 此处原文为拉丁文“*obligatio juris*”。——译者

首先，倘或否定了人们创制法律的主观能力，则法律的演变进展也就停止了，因为人的活力正是法律演进的动力。除非人们处在这样一种法律规范的支配下，它例外地确立了一种自由权，比如，让人们享有签订契约的自由。

在任何其他情况下，法律只能在既定规范的限度内或通过确立新规范而获得发展，而新规范的形成通常是极端缓慢的。他力图建立一套如同习惯法一般静止不动的法律体系，这就涉及在一个大国确立习惯法的问题，打算形成一些普遍通行的准则；而这，又不大像是人们习以为常的那种习惯法。

狄骥本人倒是蛮相信他的客观法体系终究会胜过主观法体
86 系，静态体系会胜过动态体系。对此，他三番五次进行解释并写了两本书，试图让人信服：法律必然逐步向客观法体系演变。

他那体系的内在逻辑会导致用社会秩序的至上地位去代替个人自由的至上地位，他大概没有看清这一点，而这正是奥古斯特·孔德[①]的前提。狄骥如果不让秩序降伏自由，也就不能设想客观法体系会战胜主观法体系。

尽管这位客观法体系的作者看上去似乎个人主义精神十足，该体系却跟凯尔森的体系一样，皆与人为法的前提相矛盾；而且，他也跟凯尔森一样，都不能适应现实生活。

---

①　见孔德，《实证主义入门》(*Catéchisme positiviste*)，第八修订版。他错误地说，“自由是与秩序谐和一致的”；而代替了“自由是能够服从秩序的”。他的另一个错误是说动态体系应当服从静态体系。见上书第六版。

下　编

法的生命
人为法的形式

第一章　论团体及其创建[①]
（试论社会生机）

在法中如同在历史中，各类团体体现着持久性、连续性和社会 89
现实；团体的创建活动即构成社会和国家的法律基础。

关于团体的法学理论与历史事实密切攸关，因而建构缓慢。只有通过论战，辩明了社会契约问题，辩明了客观法和主观法问题，从而清理好了地盘，这一理论才能找到它的真正根基。

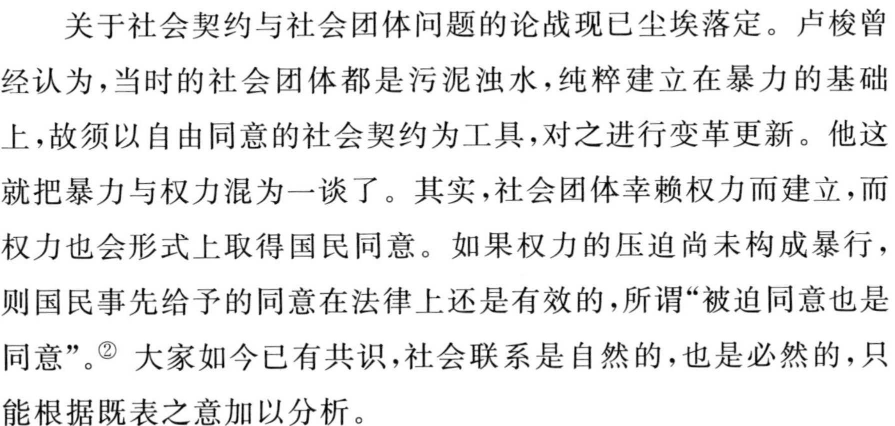

关于社会契约与社会团体问题的论战现已尘埃落定。卢梭曾经认为，当时的社会团体都是污泥浊水，纯粹建立在暴力的基础上，故须以自由同意的社会契约为工具，对之进行变革更新。他这就把暴力与权力混为一谈了。其实，社会团体幸赖权力而建立，而权力也会形式上取得国民同意。如果权力的压迫尚未构成暴行，则国民事先给予的同意在法律上还是有效的，所谓"被迫同意也是同意"。[②] 大家如今已有共识，社会联系是自然的，也是必然的，只能根据既表之意加以分析。

就这样，团体理论取得了第一场辩论的胜利。还有另一场辩

---

① 摘自 1925 年《新日子》(*La Nouvelle journée*)第四册[《现代城市与法的变革》(*La cité moderne et les transformations du droit*)]。

② 此处原文系拉丁文"*Coactus voluit, sed voluit*"。——译者

论等着它，即客观法与主观法之间的论战。第一场辩论旨在确定
90 团体中的和谐一致能持续到什么程度，第二场辩论则要确定团体是否存在客观性。

我们越是觉得社会契约的论战已成定局，再提已经无益，也就越是觉得应该把客观法问题讲清楚，因为话还没有说透。而团体理论有可能在这场论战中渐趋成熟，乃至最终确立起来。参加辩论，释义说理，就是参加团体理论的建设。

这里，预先做出几个界定是必要的。

法学家所说的主观法，通常是指某些国民以自由意志所表达的一切，诸如合同、契约以及反映所谓临终意愿的遗嘱等等。反之，法学家都把法律中不依赖国民自由意志、似乎自生自在的一切，比如某个习惯法准则，叫做客观法。

倘或寻根究底，人们就会发现，看上去像是自生自在的法律，实际上与某些个人内心深处潜在的思想观念紧密相连。这些潜意识留存于我们的记忆之中，眼下还不是自由意志。这是一些我们曾经感知、收藏、积累而后又丢开的主意、见解；它们萦回在我们脑际，甚至不知不觉地影响着我们的判断和行为，犹如一些熟悉、亲切的东西在起作用。而这些东西都栖息在我们心中。

显而易见，主观法依赖我们的自由意志而生生不息，客观法则依赖我们的潜在意识而历久犹存。说罢上述几点，我们就该阐述主观法与客观法之间的争论了。

许久以来，法学家一贯本能地认为，法律体系中始终是主、客观因素同时并存的：法人资格、主观法、法律行为是第一类；公共秩序和所谓“法规”，即大量的法令、条例和习惯法，构成第二类。这

种分别与自由意志和潜在意识相对应的二元论，表现出了一种明 91
智的妥协。

延至19世纪中叶，这种妥协受到极端主观主义流派的非议；又过了50来年，激惹得极端客观主义者形成了流派。于是，两大派的争吵就欲罢不能了。

主观主义派系以各种法人为基础，将团体法人以及顶尖法人——国家，从人格角度统统归入个人之列。他们有人曾经主张，应使这样的法人以及他们的主观意愿，成为一切持久性法律状况的支柱，甚至成为一切法律规范的支柱。德国有些作者，诸如日尔伯、拉邦德和耶里内克，极力把“法规”塞进主观法体系，试图由国家这个法人的主观意愿来决定一切法律准则。

他们关于合法的法律规则的观念并不新颖。卢梭早已把法律定义为“公意的体现”。在他的思想中，公意似乎也包括国家这个法人的意志。不过，这个概念仍然属于政治哲学范畴，是一帮法学家轻率地将其移植到了法学领域。倘若某些国家机关制订的法规可以在必要时被视为国家的自由意志，或者起码被视为政府或立法者的意志，那么，相反地，那些习惯法准则就不可能跟国家意志有什么联系了；习惯法不是任何国家机关的产物，而且众多习惯法的产生年代早于现代国家。大约到19世纪中叶，习惯法好像是过时了：在法国，民法典将习惯法排除在了法源之外；在德国，习惯法似乎也被废止不用了，但这是错觉，它在重新编纂的民法典中又回潮了；而在所有盎格鲁-撒克逊国家，在“普通法”[1]的名义下，全部

[1] 此处“普通法”原文为英文“common-law”。——译者

92 习惯法都还生机盎然。显然，主观法意欲在法律领域一统天下的企图未能得逞。

此外，还有一个障碍：国家不是亘古就有的，它是文明发展到后期的一种政治形式。所有人类社会在氏族、部落及封建庄园制度下都比在国家制度下存续的时间长得多。那些初级社会的法律，不是源自习惯，就是源自领袖的权力，从来不是什么法人意志的体现；那时候根本就没有什么法人。难道能说氏族的法、部落的法、庄园的法都不是真正的法吗？或者，一言以蔽之：难道能说国家出现以前没有任何形式的法律吗？

正是如此。在国家这个法人出现以前，没有什么法律规则，后者应是国家这个法人的一种主观意志。显然，各个国家在其出现法人以前，一般都经历了漫长的政治发展时期；其间，国家就没有什么法律。这一结论并未使耶里内克后退半步，他声称："国家的出现、生存和死亡仅仅属于历史范畴。"这就是说，他把不是"国家意志表达"的一切，都不算作法律。

耶里内克的攻击矛头势必从法规转向带有更多弱点的主观法体系。他硬说，他能使法律获得所有法人的支持，从而保障其连续性，而他却没有一种适当的法人理论。他千方百计排斥关于行会法人的主张，说那是虚构的。但在肯定"任何法人都有意志"（即willensmacht[①]）的同时，他却不能令人信服地解释法律制度的连续性；因为，众所周知，意志并不是连续不断的。况且，他是一味儿武断地反对他人，深陷泥淖而难以自拔。他不能证明，没有充分的

① 作者在小括号内加注了这个德文的"意志"一词。——译者

合理意志的婴幼儿①和疯子是否也具备法律人格。

批评占了上风，客观法派系的报复不可避免。按照事物变化 93
的逻辑，一种新体系不久便在这种如此愚蠢地依附于主观法的法规体系中站稳脚跟。这就是莱昂·狄骥的客观法体系。

新的体系跟它所反对的主张同样武断、绝对。凡是主观主义派系赞成的，客观主义派系都要反对。在客观主义者看来，法律规则乃是独自存在的客观事物，构成了整个法律存在的支柱，取代了他们认为毫无价值、应予否定和摒弃的概念——法人的地位，其中包括行会团体和个人。主观法派系那个以主观意志为中心的理念不见了，法律的效力全部被归并在法律规则之内。人的行为只有在符合法律规则时才会产生法律效果。而且，只有适用法律规则才能原则上产生客观的法律状态，除非法律规则允许个人行为介入其中。这种获得准许的个人行为只会产生短暂的主观法状态。而客观法会以其较大的数量、较久的持续时间以及由此所显示的重要性，大大超越主观法。

这种客观法流派不是单独出现的，而是顺风顺水地伴随着涂尔干社会学流派发生的。涂尔干在规划他那凌驾于个人意识之上的社会环境时，也是把客观法看得高于一切的。两者的亲缘关系显而易见。在他眼中，法律规则本身只是社会环境的产物；法律规则一旦为“民意”认为是强制性的，民众便会超越个人意识而自觉地接受法律的指导。

不过，客观法体系也是不可接受的，因为其偏离了预期的目标。它不仅要把法律规则变成维持社会团体持续性的一个要素，

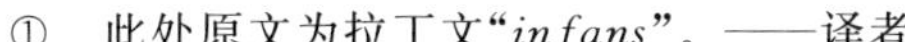

① 此处原文为拉丁文“*infans*”。——译者

而且想把它变成社会团体的构成要素。倘若法律规则真的成为维持社会团体持续性的一个要素，那么，人们只能得出结论，法律规
94 则是社会团体得以创建的代理人。这里，全部的问题在于弄清楚：在社会中，创制权究竟何在？如果我们说创制权是那些创造了社会团体的法律规则，或者说创制权不是那些产生了法律规则的社会团体，这都是由于政府权力受到了法律规则的限制。正是在社会团体的提议权和创制权的问题上，客观法规则体系必然触礁搁浅；承认社会团体是由法律规则创造的，等于承认社会规则是由社会环境创造的。而且通常认为，法律规则也是由社会环境所创造的。这种谎言过于明目张胆；社会环境仅仅是具有惯性：当社会环境接受个体动议时其表现为一种增强力，或者相反，当社会环境拒绝这种动议时，其表现为一种阻碍力和反作用力。然而社会环境本身不能提起任何动议，也不具有任何创制权。不可能从它身上剥离出一项创制性法律规则，倘若按照他们的思路，这种创制性的法律规则应当形成于其创制社会团体之前。

此外，我还得略作补充：社会环境也许一度有过创制权，而且以法律规则作它的可悲的创造工具，因为，设置界线乃是法律规则的题中应有之义。法律规则原本是强加在个人的权利要求和国家机关的权力要求之上的妥协性限制，都是提前预防发生冲突的规则制度。那些革命性的定义凸显了这一性质：“每个人行使天赋权利只能以保证社会其他成员也能自由行使同样的权利为限度，这种限度仅得由法律加以规定。”①（《人权宣言》第4条）因此，立法者

① 依据原文中所引《人权宣言》条款译出，下同。——译者

类似于在农田之间划界线、树界标的农业管理师。有关个人自由的组织法、新闻出版法、结社法、教学自由法，以及关于缔约自由和处置个人财产自由的一切民事法律，甚至上述法律中那些看似带有创造性的条款，实际上也只是一些限制和界线。有鉴于此，个人主义社会秩序的传统准则就是："凡法律未予禁止的都是允许的"； 95
说得更完善些，"凡法律未予禁止而个人志愿从事的活动，在法律上都是正当合理的"（《人权宣言》第 4 条、第 5 条）。

今后，我们还有许多机会重新审视这些观点，现在已经谈得够多的了。我们完全领会了他们的"法律规则体系"所包含的有害谎言。照他们的说法，自此以后似应确定一个跟个人主义社会秩序历来所依据的原则截然相反的原则，叫作："凡法律未予允许的一切，或与客观先在的法律规则不相符的一切，在法律上都是无效的。"除了明显违背个人主义性质之外，该体系也十分贫乏。须知，多少年来，社会实践中的所有创新，无不突破了法律限制。这是因为，新事物不再符合旧的法律规则，更不会符合尚未产生的新的法律规则。而新规则只能到社会环境骚动失序的时候才会产生；在此之前，新事物都处在前后两种稳定的社会秩序之间。

他们的根本错误在于：把反映当做行动力，把时间上的持续当做创造。究其实，主观因素是创造力、行动力；客观因素诸如法律规则、社会环境、公共秩序，只是持久、连续的反映。两种力相互作用，针锋相对，都想推翻对方。

必须把主观法、客观法两种流派统统驳回。两派之中，一个认为，只要不断行动就能持久存在；一个认为，只要持久存在就能不断行动。而且，很可笑，这两派都把历史上不知道应该如何塞进自己法律体系中的重要内容弃之不顾。主观主义流派宣布，国家纯粹是历史的产物；他们无视法律在国家创建过程中的作用。在客观主义流派那里，由于他们所说的规则在被民众接受并遵行以前还不是什么法律，而民众认识又需要时间，于是，他们就说，法律规则也是历史造就的。

96 他们两派都忽略了创建过程，一个忽略了国家的创建过程，一个忽略了法律规则的创制过程。这样，他们就都把法律的基础从法律中挖掉了，因为，一方面，我们上文已经指出，法律的基础仅仅存在于上述持续不断的创建活动之中；另一方面，他们迟早会承认，国家的基础和法律规则的基础，其实都是法律的基础。

根据历史上思想发展的必然逻辑，这是自然而然的，即团体及其创建理论，在历史上紧紧追随主观法和客观法体系而来，在团体的创建领域已站稳脚跟，而昔日相互对抗的两个法体系却随之销声匿迹。团体及其创建理论的根本目的在于揭示：团体的创建具有法律性质，也正是基于此种观点，团体在法律上得以持续的基础即在于其自身的法律性。而且，团体及其创建理论，已经从主观法和客观法的论战中获益：其承认了两种法状态并存的必要性；因为其发现，在这场论战中，很少有要素是截然对立的，那些不同的状态，即其要么是行会团体，要么是法律规则，间或可以相互跨越。

※　※　※　※　※　※

这一新理论的梗概在于：团体是一种在社会环境中依法自我实现和存续的活动或企业宗旨：为了实现这一宗旨，必须组建一项权力，权力又会产生一些机构；另一方面，在对实现这一宗旨感兴趣的社会组织成员中间，必须在有权机构的指引下并依照相关程序，作出共同的意思表示。

团体有两类：人格化的团体和非人格化团体。在人格化团体中，形成了一些个人或社团（如国家、协会、工会等），组建起来的权力和团体成员共同的意思表示，均被内化为活动宗旨。在宗旨成为了行会团体的目标之后，宗旨就成为了从建构组织中脱离出来的法人的关键。 97

第二类团体被称为物化团体。在此类团体中，组建起来的权力和团体成员共同的意思表示，并未被内化为团体的宗旨，其存在于社会环境中，但却外在于宗旨；社会上已经确立的法律规则就属于此种性质的团体。其之所以成为一个团体，是因为其宗旨传播和存在于社会环境之中，然而，显而易见的是，其并未产生一个对它而言适合的行会。它之所以存在于社会有机体之中，如在国家中，是因为它借用了国家的惩戒权，并利用了团体成员赋予它的共同意思表示。它之所以不能产生专门的行会，是因为它不是一项行动原则或企业原则，但是相反，其是一项设定限制的原则。

团体依法产生、生存和消灭。团体通过一系列创建行为而产生，这些创建行为构成了其存续的法律基础。团体的生存既是客观的，又是主观的，这取决于政府的法律措施，以及不断重复的管理活动，而且要遵守相关的程序。最后，团体通过解散或废除等法律措施而得以消灭。因此，团体的存续应当依法，团体链条的坚固程度与其相伴的法律关系的严苛程度紧密联系在一起。

因此，我们下面只研究人格化团体，或行会团体，我们会分析他们的要素，并观察他们的生命。人们同样可以对物化团体，特别是法律规则，进行同样的研究。我没有闲暇来关注后一方面的问题，仅仅在此顺便指出，它们与行会团体得以区分的一些关键点。

一

众所周知，任何行会团体的构成要素都有三个：一是某个社会
98 群体力图实现的宗旨；二是为实现该宗旨而组建的权力机构；三是与该构想利害攸关的社会群体所做的同意表示。

不应忘记，我们的团体有一种融合现象，也就是说，组建起来的权力和社团成员的共同意志表示这两种因素都会被纳入力图实现的宗旨之中。这种内在化的融合导致了团体的人格化。由于法典实际上都是法律规则融合荟萃的结果，它本身已变得十分超脱、精神化，这就更容易导致团体的人格化。团体成员的精神都被吸引到了宗旨之中，各个机关专注于履行职权，属员相应意愿的表达不过是心理活动。这样看来，所有这三种因素的精神性多于物质性，总体上兼具心理、物理双重性质。

（一）形成任何行会团体的最重要因素都是在一个社会群体中或为了该群体的利益而必欲实现的宗旨。每个社团都是为了完成某项事业或使命而成立的。一个有限责任公司的目的是经商、办实业，亦即投机谋利。医院是一个旨在实现某种慈善理念的机构。国家作为一种集合，力图实现若干设想，其中最易被人接受的，集中反映在下面这句惯用语中：“国家运用管辖整个领土的公权力，保护全体公民的社会生活，但不会干预私人地产的经营，且让国民享有广泛的自由。”

必欲实现的宗旨，与“企业指导思想”相仿。切勿将此种宗旨跟目标和职责相混同。比如，国家的宗旨跟国家的目标和职责就

不是一码事。

一个企业的目标与指导思想之间的第一个区别是，目标可能
在企业之外，而指导思想则在企业之内。第二个区别跟第一个区 99
别相关联：指导思想包括行动计划以及为采取行动而作出的组织安排，这就大大超出了目标的范畴。当谈及国家保护全体公民的社会生活的宗旨时，势必引出建立某种组织机构、策划某些行动步骤的问题。而若谈起国家的目标，人们只要说出“那是保护全体公民的社会生活”这个结果就够了。行动步骤和结果之间的区别，反映了指导思想和目标之间的区别。把指导思想混同于“力图达到的目标”是不对的。这是因为，前者既包括目标，也包括为达到目标而使用的方法，而目标只是一种向往，并不牵涉什么方法。

同样，不应把一个团体必欲实现的宗旨混同于该团体的职责。国家的宗旨远远超过国家的职责。职责仅仅是已经完成、至少是早已确定的事情的一部分。而在指导思想中，总是存在着尚未确定的，潜隐于职责以外的事情。就国家而言，这两个领域的差别是显著的。属于职责范畴的是行政管理和已确定的系列服务项目；属于指导思想范畴的是：最高政治决策机关需要为之工作的不确定事务。而事实表明，政府的政治决策往往比行政举措更能调动公民的情绪，致使指导思想中不确定的东西，比职责中已确定的东西更能影响人的心灵。

行会制度的指导思想不同于国家的指导思想，其指导思想也绝不会简化为已经确定了的职责。我国的人为法长期有一种幻想，即相信这种简化、压缩是可能的。行政法极力将教会和慈善机
构禁锢在官方规定的特殊规则中，不允许教会办的工厂接受捐赠， 100

哪怕以济贫施舍作为交换条件；禁止慈善堂利用他人捐赠办学校，如此等等。商法明文规定，每个商贸公司的内部章程必须确定一种特色经营，而且不得修改章程。当巨型路网公司创办众多火车站连锁旅馆时，人们还在想，这些旅馆或许并未脱离其经营特色。

还是比较宽松豁达的想法占了上风，这些火车站旅馆照常开张。修改公司内部章程的问题也渐被广泛接受。公立公益机构的特色专项经营只是在治安警察检查时挂在口头上，即便如此也还议论纷纷。不止如此，指导思想中的不确定性，已经凌驾于既定职责的特别规则之上。英国人已经完全彻底地为他们的商贸公司松绑，任何公司均可敞开特色经营的成规，志愿进行任何商业投机，因为公司的指导思想就是投机。

因此，指导思想超出了目标（but）和职责的范畴，确切些说，与意图（objet）的概念类似。企业的指导思想就是企业的意图，而企业的意图就是实现指导思想。正因指导思想就是企业的意图，故而，企业可以遵循指导思想并在指导思想的范围内成长，崭露头角，在社会上获得独具一格的个性。实际上，正是企业的指导思想，渐次在众多个人的记忆中播散，并存留于他们整个有生之年的潜意识中，法兰西银行、巴黎市和我们的国家本身即是如此。

企业指导思想在实现的过程中，会形成一些比较紧密的支持者、参与者，他们会成为企业的股东或属员。甚至在具有比较直接利害关系群体的潜意识中，企业指导思想通常仍然像是客观事物。企业指导思想大概会不时转化为社团成员的主观理念，在自觉意志的表达中反映出来。然而，至少表面上看起来，这种转化是断断续续的。而以企业指导思想为客观事物的感觉却是始终萦回脑际，持续不断地存在于潜意识中。

毋庸置疑，从上述解释可知，那种仍被感觉为客观事物的指导思想，不会渗入到人们的记忆里。必须仔细审视、考察所面对的指 101
导思想，只有其中内化为人们的主观理念的成分，才算是已为人们所接受。每个人都会给指导思想以反作用，并努力使之变成自己的理念。而人的感情与理智、责任心之间的冲突，是一个永恒的主题，拉辛[①]却没有像索福克勒斯[②]和欧里庇得斯[③]那样加以演绎。拉辛有一部悲剧，到20世纪跟在17世纪一样，既没人上演，也没人理解。关于正义的理想也是这样，人们一直还在进行探讨、构思。当然，正义的概念如同责任和爱情的概念，不能说其中毫无持续、真实、客观的东西。

尽管社团每个成员内心对之都有一个主观评判，但在社会上逐渐传播的指导思想仍然是一种客观存在；而且，正是这种客观性使之在个人之间口耳相传，引起各人的不同反应，从而不致烟消云散。

人们必然会问，指导思想的这种客观性难道是天生固有的吗？如果它是某个确定的个人的主观产物，怎么可能获得客观性，从而由此人传到彼人呢？应当说，自指导思想在个人之间彼此传播之

① 拉辛（Jean Racine，1639—1699），法国大诗人之一，剧作家。曾与莫里哀、高乃依等合作。成名后出任史官，曾随路易十四出征，任国王秘书。著有《兄弟仇隙》《伊菲热妮》等多部悲剧和一部喜剧《讼棍》。——译者

② 索福克勒斯（法文“Sophocle”，希腊文“Sophoklês”，约公元前496—前406），古希腊三大悲剧家之一，相传著有130多部悲剧和笑剧，现存《安提戈涅》《俄狄浦斯王》等七部悲剧，多描写英雄人物与命运的冲突。——译者。

③ 欧里庇得斯（法文“Euripide”，希腊文“Euripidês”，约公元前480—前406），古希腊三大悲剧家之一，相传写有悲剧90余部，现存《美狄亚》《特洛亚妇女》等18部，擅写人物心理。——译者

时起，它就开始有了客观性。实际上，它没有什么创始人，有的只是发现者。一个富于灵感的诗人碰到一种思想，类似于一个矿工碰见一颗钻石。情况是，客观思想早就存在于茫茫人海中，已经融入我们周围的环境；我们灵感来时，才发现了它们，清除了附着在它们表面的污垢杂质。

看清了为指导思想所固有而我们平素不大留心的客观性之后，不应忘记研究社团制度中那些期盼兴业指导思想大获成功的群体。没有利益群体的行会团体是不存在的。国家有臣民群体和
102 公民群体，工会有会员群体，有限责任公司有股东群体。这种集群的形成，部分的可能是为了约束权力，而指导思想的支配力和相关成员力求实现的利益，总是发挥着巨大的作用。这表明，人们加入社团是自觉自愿的。因此，社团成员须为指导思想的实现与否承担个人风险。

这种利益群体与领导机关一起，同为指导思想的载体。从这种意义上，人们必须承认，国家所有成员的群体，都是国家思想的主体。这一结论无疑赋予“国民”(sujet)一词十分深刻的涵义。这就意味着，国家所管辖的每个国民身上都承载着国家思想，是国家思想的主体，因为他们要为国家的成功冒风险、尽责任。总而言之，一个国家的国民，就是国家这个大企业的股东。而国民的这种地位，久而久之便孕育出了国民的公民素质。既然公民甘为国家冒风险，便理所当然地获得了监督和参与国家治理的权利。

通过对利益群体的分析，我们又遇到了米舒特在其《论法人》中阐述过的观点。自 1906 年起，我们和他的主要分歧是，我们认为，利益群体不是国家思想的唯一载体，也不是行会思想的唯一载

体。二者之中的无论哪一种思想，掌握权力的统制机关也都是它的载体。这表明，国家可运用政府凌驾于公民之上的自主治理权来实现国家思想，公民只不过是参与政府治理。

（二）任何行会团体的第二个要素，其实是为实现宗旨而组建起来的统制权力机构，通常被称作团体的机关，而本质上是一种井然有序的权力组织。由于权力本身就是意志的一种形态，权力机关只被当作意志力的体现，这就使权力机构中人的因素变得超凡 103
脱俗、变得精神化了。

组建政府权力的基础完全是精神性的，这便是两项原则：一是权力分立，一是代议制。

一切权力分立都是管辖权限的分立，这完全是精神性事务。在现代国家的权力分立中，行政权的本能权限是作出有执行力的决定；审议权拥有进行审议、作出决议的权限；同意与否属于投票权的管辖范围。当然，上述各项权力都得委托给由人组成的机构去办理，而这些机构都是隶属于上述权力的。对此，最好的证明是，大多数机构为了履行同一种权力，必须协同行动。为了行使行政权，总统和部长需要协同行动；为了行使审议权，议会两院需要协同行动；为了行使投票权，同一个选区的选民需要协同行动。

在这种导致相应机关完全分设的权力分立中，每一种权力都不是一种普通的权力，而是一种可以创制法的权力。有了这种权力分立，便可保证各个管辖权限的至上地位；若无这一预防措施，那些机关就会走向专横。

代议制原则适应了另外一种需要。一个社会团体的统制权力机构定然以整个社团的名义采取行动，权力机构所做的决策也可能被说成是整个社团本身的决策。一个社团如果没有自己的机构，便什么都不是；凡事只能由机构去办理。于是，这些机构便会硬说自己的一切行为都是为了整个社团，而不是为了它们自己。代议制便解决了这一难题；代议制完全是为了实现宗旨而建立的。所有权力机关和社团全体成员，应共同遵行宗旨；成立代议机构就是为了切实保证这一点，可能的话持续遵行，至少也要定期检查落实。

104 无论是高傲的专制帝王，还是顺从选民情绪的、灵活多变的部长，都会本能地使领导意志服从力图实现的宗旨。选举不是代议制的本质，而是它的一个合理因素，因为选举可以保证领导者和团体成员观点一致。

在一个机构中政府权力不会始终像我们刚刚谈及的那样循规蹈矩。各国乃至若干私人团体的历史教训表明，领导当局经常怀揣自私动机，觊觎共同财产。纵观历史，确证两条：首先，统治权乃是一种本能自发的行动力，绝不仅仅是应命来尽职责；这种自发行动力违反其职责的情况极其常见。其次，宗旨的影响力是高屋建瓴压倒性的。虽然宗旨落实得缓慢，但却是可靠的、循序渐进的。即便在国家这个层面上，政府也得打消自己那狂热的自私激情，被迫屈从公意，为国家服务。或许宪法机制曾经促成了上述情况的发生；但在过去，若没有充满国家思想的公共精神的大力支持，那种机制本身要么尚未产生，要么一无资源可用。

在现代国家，政府若能自愿服从某种指导思想，理应受到赞扬；但是，更应该受到赞扬的是，军事头目能够服从文职政府。武装部队的这种顺从，如此违反本性，单靠宪法机制从来也做不到这一点，这是在某种思想影响下所产生的某种精神状态达成的结果。文职政府的思想取向是和平，这被公认为有助于形成社会的正常状态。早在 1896 年，我已在《传统社会学》一书中指出过指导思想
对政权的支配性影响力，我称之为团体现象；而且，我曾强调指出， 105
建立在权力基础上的团体，能够提高道德水准。时至今日，我不改初衷。

（三）我们还要阐述构成行会团体的最后一个要素，即团体成员及其统制机关对实现宗旨和打算使用的方法，所做出的共同意思表示。我们在上文已经蜻蜓点水似地述及这种一致现象；多亏有此表示，宗旨方可短暂地转入主观状态。对于这种实际存在的现象，自应加以研究。

伴随着新的社会政治团体的创建，总要爆发大规模的群众运动。在此类运动中，上述现象最为显著，便于考察。随着中世纪那些公社[①]的建立，发生了严重的精神危机，激惹得民众不断呐喊："要和谐！要和谐！"19 世纪末开始成立工会，这也在工人阶级中引发了同样的联合运动。毫无疑问，国家的形成带有互相感染、互相借鉴的特征，并未激起类似的运动，公元前 1000 年左右的情况即是如此。我们在《塞缪尔记》中看到了例证；其中说，以色列人"请求有一个王"[②]。

① 公社（commune）是法国一个司空见惯的社会政治现象。公社始于 13 世纪，是指资产者（bourgeois）居住而从封建领主手中争得自治权的城市。延至近代，1789 年和 1871 年先后成立过"巴黎公社"。目前，法国最基层的行政区划单位也叫"commune"，中文一般译为"市镇"。——译者

② 塞缪尔（Samuel），《圣经》中人物，希伯来先知和法官。曾应以色列众人之请，为之立扫罗为王。见《圣经·旧约全书·塞缪尔记（上）》第十一、十二章。——译者

一些特殊团体的创建，影响面小，引起的波动有限，往往采取人们熟知的一种典型方式：先召集若干会议，让人们以或多或少的热情，原则上表示欢迎，然后便宣告成立。

团体在运作过程中会促使那些立场相近的人采取统一行动，在议会制条件下尤其如此。毋庸置疑，议院的所有会议都不会再现网球场宣誓①和八月四日夜②那样激动人心的场面，也不会实现神圣的团结。但是，投票表决总是需要形成一个多数，意见接近的人只能联合起来。

106 这种要求和谐一致的运动，在表达某种集体意识时情况如何，上文尚未分析。应当说，在那里，个人意识皆受共同思想支配，心理、感情颇有趋同现象。这种运动的核心是共同思想，它能在千百万人的头脑中促成相互类似的观念并激发类似的行为倾向。共同思想会短暂地转化为千百万人的主观意识，个人意识也会与共同

① 网球场宣誓(le serment du jeu de paume)，法国大革命酝酿过程中的一个有名事件。1789年5月，法王路易十六不得已召集“三级会议”，但打算三个等级分别开会。对此，自称“占全国96%”的第三等级的代表坚决反对。6月17日，第三等级代表成立“国民议会”。6月20日，国王下令关闭会议厅。于是，第三等级代表在议长巴伊带领下，列队来到网球场，继续开会并宣誓：不制定法国宪法绝不解散！一些僧侣和贵族代表倒向第三等级。6月23日，有高官前来驱赶代表，一代表回答：“人民的意志叫我们来到这里，只有刺刀才能使我们离开！”国王被迫退却，6月27日命令僧侣和贵族两个特权等级的代表与第三等级代表合并开会，成立“制宪会议”。——译者

② 八月四日夜(la nuit du 4 août)：1789年7月14日，巴黎人民武装起义，攻克巴士底狱，掌控了巴黎。全国纷纷效仿，革命运动风起云涌，“大恐慌”“大震荡”笼罩城乡。面对暴烈的民众，少数刚抓到政权的第三等级代表主张坚决镇压，反而是个别有名的贵族、地主于8月4日夜的制宪会议上，大声疾呼地要求废除封建特权，表示同情穷苦人的暴动。不少人群起响应，把自己的特权契券拿出来焚烧。至8月11日，制宪会议通过了“完全废除封建制度”的决议，史称“八月法令”，诸多封建特权被废除。——译者

思想相结合。个人意识往往托庇于共同思想，共同思想则就势渗入到个人意识之中，并通过个人意识而由客观状态转化为主观状态。这，就是千真万确的现实！

分析一种集体意识所显示的表象，如同分析涂尔干学派的行为，这会导致低估上文所述的现实，因为集体意识是与社会上普通大众的流行看法联系在一起的。反之，在团体创业的征程中，深入大多数个人意识中的同一个指导思想，总是让觉悟最高的人士发挥领导作用。上述两种分析的区别在于，一个要阐述由社会精英所推动的文明进步，另一个则要解释仅仅由社会环境进化所形成的文明发展。思想上的和谐一致，就是“阿里尔”；集体意识则是“卡利班”[①]。

思想上的和谐一致，可使多种人在负责人的领导下和谐相处。这种和谐一致不仅包括思想上的同意，而且包括行动上的同步；自冒险创业时起，人们即全心全意投入共同事业。总而言之，这是一种实行中的一致。

这种和谐一致在特殊法律活动即创建团体的过程中甚具重要性，我们将在后面的章节进行研究。

（四）行会团体发生了融合现象，使之走向人格化。融合与人格化这两种现象本身又是内在化的结果；内在化趋势渐次将具有自身意志的统制机关和团体成员所表达的共同意思表示，尽皆纳

① 阿里尔（Ariel）和卡利班（Caliban）都是莎士比亚梦幻喜剧《暴风雨》（*La Tempête*，*The Tempest*）中的人物。阿里尔是天神，是秩序和正义的化身；卡利班是魔鬼和女巫的儿子，代表邪恶势力，总是造反，总是反对阿里尔。——译者

107 入宗旨的框架之内。对法人理论来说，内在化、融合和人格化这三种现象都是极为重要的。如果这一事实得到确认，则此事实自然引出彼事实，即法人资格这个事实，那就找到了法律人格的基础；这是因为，由此可以肯定，制度人格化的趋势是自然而然的。这样，个体法人资格也将同团体的法人资格一样得到肯定；其实，不应再佯作不见，个体法人资格现已同行会团体的法人资格一样得到了承认。

这一问题的现状，促使我们运用一种新式比较方法，即团体心理学和个体心理学的方法进行对比研究：以我们从个体心理学内心反省中得出的认识，来帮助我们分析团体心理；反过来，再用借助团体心理学方法所确认的事实，来阐明个人内省的结果。

这种比较方法的合理性源自这样一个正确前提：社会本是一个心理性产物，其中充满人的心灵与某些客观思想之间交互实施的作用力与反作用力；凡此种种构成了一切团体的基础。团体法人在很大程度上是人类按照自己的模样制造出来的一种社会产品；正因它是人类下意识地制造出来的，它便带着人类有意识的内省所发现不了的诸多因素。而团体法人的各个构造细节都被远远放大，如同投影在银幕上，对之观察研究也就容易多了。

1. 我们首先要借助比较方法来确定内在化、融合和人格化这三种事实，因此，也就等于确定了法人资格自然形成这一事实；然后，我们着手研究问题的另一侧面，即业已发生融合和人格化现象的团体，在什么情况下、用什么方式来保证它自己的持久存在，因为，融合和人格化的目的便是获取这一成效。

但是，必须承认这样一个事先得出的观察结论：对团体人格和个体人格进行比较心理学研究，并不能确定个人可否在某种意义上视同于一个行业团体。乍一看，这个前提条件令人吃惊，但却是大量存在的重要事实，理应在接受这一前提之前予以慎重考虑。 108

人类生存的本质也许就是要"实现一种既能促使统治权尽责，又能激发共同意思表示的宗旨"。

但愿人类有别于其他任何生物，主要关心宗旨的实现。这是跟人的命运密切攸关的。现在，与其说命运属于哲学或科学范畴，毋宁说属于宗教和伦理范畴，但这丝毫没有消除命运对于人类的重要性。出于同样的考虑，如果说实现宗旨就应该成为人的灵魂，那么，这恰恰表达了人类灵魂中形成的道德规范以及这一规范的伦理性质。总之，人的灵魂是一个客观事实，跟行会团体所要实现的宗旨一样，同是一个真实存在。

既然把实现宗旨理解为人的灵魂，那么，但愿人类具有实现宗旨的意志力；这种意志力就是人类为实现命运而奋斗的统制机构。对此，实证心理学和心理物理学都没有理由拒绝承认；正是它们认为，生有神经和大脑的人类躯体，就构成一个完整的心理物理学机体。

显然，实证心理学尚未注意到人的大脑在"客观灵魂"指导思想影响下所作出的心理反应，仍然盘桓在对想象中初级意识综合概念的单纯词义分析上。然而，一方面，这种想象中的综合性概念不是围绕任何一个持久性轴线构成的，根本无法解释个人人格的连续性；另一方面，正是在这里，亟须求助于团体人格与个人人格 109
的相似性；团体人格有一个客观而真实的指导思想。

也许这是在用生机论观点来解释克劳德·贝尔纳[①]那有名的“指导思想”概念，而这，一直影响到生物学领域。而且，恰恰是在生物学领域，生机论还有众多信徒。然后，事情到了这种地步：移用到社会领域、行会现实中的“指导思想”，成了客观存在，对支持者发挥着作用，其神秘性吸引着广大群众。

最难以令人接受的也许是第三点，即：人们一旦组成一个行会团体，容纳着一群各具个性的成员，则团体内部势必在指导思想的范围内达成协调一致，而这种协调一致应当是在我们所说的意识清醒状态下作出的。

我们首先要考察社团成员集群的心理现象；然后看一看，在意识清醒的状态下要求成员们在指导思想范围内达到心理协调，是否会发生危机。

倘若我们把人的有别于躯体的灵魂界定为指导思想因素，倘若我们承认人的躯体就是一个心理物理结构，因而承认现象性心理反应源自躯体，那就没有什么东西妨碍我们断言：这种心理反应机制也当是一些集群所固有的。这一点，跟关于神经细胞组合的生物学已知资料是一致的；我们注意到，在生灵中，神经细胞都有同一个起源。这一点，也跟意识清醒状态下集群的心理物理学已知资料是一致的，但关于指导思想的生机论原则除外。由于团体中不可能没有纠葛扯皮，不可能没有矛盾争吵，所以，上述假设也

① 克劳德·贝尔纳(Claude Bernard，1813—1878)，法国生理学家，实验医学奠基人之一。是法国为之举行国葬的首位科学家。认为医学应以实验生理学为基础，实验应以假说为指导思想。提出了“内环境”概念。著有《实验医学研究导言》等。——译者

跟心理内省所确认的下述事实是一致的：团体内部有观念的冲突，有同本能和情绪的斗争，讨论中似乎总有相互对立的多数派和少 110
数派，意见会发生突变，有人会倒戈改宗，如此等等。首先，心理学把矛盾对立的运动局限在了人的心灵中；而且，心理学所说的心灵似乎一点儿也不复杂。看来，把矛盾运动置于心灵的心理物理机制之内恐怕更加合乎情理。

无疑，灵魂，即指导思想，的确与矛盾运动相关联，受到矛盾运动的冲击，在矛盾斗争中转入主观状态，并实现着自己的意图。不过，必须明白，那些矛盾运动属于心理物理学范畴，且受到灵魂所依赖的躯体的支配。

围绕指导思想形成的诸多初级心理现象，基本上集中发生在人的躯体上。我们承认，即便是有意识的行为，也会在躯体的所有初级心理现象之间，发生协调危机；而在发生危机的过程中，指导思想本身转化为主观状态。

说实话，这一推论有点危险，好像把自我的存在跟人体初级意识现象的协调一致捆绑在一起了。不过，危险只是表面上的，这种联系不是非有不可的，因为，睡眠会打断意识状态，却打不断自我的连续性。

况且，我们在下文还会探讨主观连续性问题（见下面原文第112页“2”）。

如此看来，个体人格有可能发展成团体人格。幸亏有了比较研究法，我们可以同时跟踪考察这两种人格，探讨它们在融合和人格化这两个阶段的内在化进展情况。我们将把国家当作团体人格的典型进行研究。

国家(État)达到代议制政府的阶段,就成了融合体。那时,完成的第一项内在化工程是,各有其意志力的政府机关,开始在国家指导思想的框架内,为公共利益而工作。在这个阶段,国家具有客
111 观个性;民族(Nation)由于成了有政府的团体而变成了国际法上更具鲜明特征的国家(Puissance)①。不是民族主动地与国家沟通协调,而是被动地受国家引导。这种有代表性的政府可能没有任何政治自由,亦即不允许公民通过选举或其他任何方式参与政务。政府可能是专制独裁的;但是,只要它遵从国家思想的指导,那就是代议制。

国家在达到允许公民参与政务的政治自由阶段时就有了人格。那时,内在化的第二项工程完成了,也就是说,在国家指导思想的架构内,成员得以通过选举、集会审议、全民公决等方式,对代议制政府机关的各项决策表达意见。于是,人格化现象发生了,因为,当社团成员表示同意时,他们心灵中就产生了主观激变,国家指导思想就渗入国民意识中,转入主观状态(参见拙著《政治自由与国家的法人资格》,载《宪法精义》附录2,1923)。

应当记住,人格化阶段不会破坏融合阶段的成果。法人资格添加在团体的客观特色之上,但特色并不消失。譬如,在融合阶段是少数派政权,在人格化阶段则政府得到多数支持;前者行政权强大,后者则审议权强大。不过,审议权强大的多数派政权,标志着

① “État”,指政治意义上的国家。“Nation”,主要从人口角度指国家、民族。“Pays”,从地理意义上指国家。“Puissance”,国家,强调权势,一般指大国、强国,往往带有感情色彩。——译者

政治自由和法人资格的出现，且与少数派和行政权合作共事，团体的原有特色依然存在。

两个阶段、两种状态、两种政体的区别，也波及个体心理学，影
响到我们的内心活动。很显然，我们经历了两种政体，一种是爱争 112
论的政府，一种是凭直觉行事的政府。爱争论的政府公开地吵闹着领导我们，简直让人夜不能寐；信直觉的政府则是在我们的睡梦中，以暗箱操作的方式领导我们，它自己却夜不成眠。

我们的爱争论政府是法人政府，诸事须经审议，多数通过。它承认国内的政治自由，民众愿意参与政务。这无疑也像另一种政府那样，受到制衡思想的支配。那么，这个需要受到监督的另一种政府究竟是什么样的？

在这里，类化团体又变得很可贵了。这种应受监督的凭直觉行事的政府，可不是下级政府；下级政府怎么能够凭着自己的直觉行事呢？这是一种位高权重、智力很强、君临全国的上级政府；这是由统治集团中被认为最优秀的分子组成的少数派政府，只有决策机构十人委员会[①]必须受到十分公开的评议、监督，因为智力、理性需要受到监督，行政权需要受到议会的制约，议员有时也需要受到议会庶务人员的牵绊。

让精英分子至少从心理上受到广大群众的监督，这就终于给国家增加了道德责任，而这，正是人格化的最后一个特征。

2. 国家在融合与人格化方面的历史发展，显示出个体人格与

① “Conseil des Dix”，指十人委员会，或译为十人会议，14 世纪威尼斯共和国的最高决策机构。——译者

团体人格之结构上的相似性。这足以使人确信，团体的人格化乃是一种自然发生的现象。但是，我们最担心的并不是法人的实在性问题，而是如何解释团体内连续持久的融合与聚集现象，以及如
113 何解释团体本身的形成。归根到底，究竟为什么一个宗旨若要更好地落实并永远存在下去，具体化为一种团体就比游离在社会上更好？

这一根本性问题的答案，只能在区分融合阶段和人格化阶段，并在分别考察了每个阶段中指导思想连续发挥作用的方式之后，才能得出。

（1）在融合阶段，只有指导思想及其影响客观地连续存在着，因为，按照推测，我们认为，那时候团体的所有成员尚未作出任何值得一提的同意表示。国家通常的形成历史，颇多教益。我们从中看到，在法人出现之前，融合期延续了好几个世纪；结果，那时首先连续存在的是少数人垄断的政权，而且，这种连续性甚不稳定。

在法国，卡佩王朝[①]的政权都是终身制的。在位国王享有种种特权，他为了维护王权而制订法律，唯一的心思就是延长当权时间。这样的法律就可能被继任者撤销，起码需要获得继任者认可。卡佩王朝统治二百多年，王族为防范法制失序，围绕王位继承问题采取了一种初步的治标措施。在世君主与预定继位的王子配合行动，后者必须作出保证，承认父王的特权，至少必须确保批准这一行动的那些受益人的利益。当这样的继承原则确定下来，从而保

① 卡佩王朝(Capétiens)，一译为加佩王朝，法国第三个王朝(987—1328)，因其创建者为于格·卡佩(Hugues Capét)而得名。——译者

证了王权的有序转移之时，基于这一王权的法律秩序的连续性却难以保证。国王更迭时，新王对前王的承诺有其必要性，但承诺并不总是得到落实，因为继位君王一向自视为绝对主宰。

那时，法律专家都认为，这一继承原则是合理合法的。他们散布说，国王在临终之际移交政权，不是按照继承法[①]办理，而是根据王国基本法行事。继位君主接过了法定王权以及通常已经加重 114
了的所有职责。他并不能像一个财产继承者那样自由行动。这个基本法[②]只是国家指导思想的一种表现形式，力图使指导思想获得政权以外势力的支持。而法律专家为了使政权和政权的运作在王国这个团体内连续存在，从另一方面进行了长期而坚韧的工作，充分揭示出有序政权的运作对于实现国家指导思想的连续性是何等重要。只有井然有序的政权才能建立并维持法律秩序。而若没有相应的法律秩序，任何一种指导思想都是不可能在社会上得到落实的。如果存在井然有序的政权，它又持续不断地发挥作用，那么，指导思想融入一个团体，就能保证该团体总体上建立并维持法律秩序；而这种法律秩序对团体的运转是极其有利的。

（2）人格化阶段为指导思想持续发挥作用拓展了新的前景，因为指导思想将在团体内部转入主观状态。人们首先会考虑怎样使指导思想持续不断地产生主观作用，其次，会考虑这种主观能动性的结果如何。

应当说，只有团体成员一致表示同意，指导思想才会在团体内

① 此处原文系拉丁文“*jure successionis*”。——译者

② 此处原文系拉丁文“*lex regia*”——译者

持续不断地产生主观作用。而我们前已述及，这一过程会在团体成员意识中引发突变；正是通过这种突变，指导思想渗入团体成员的意识中，从而转化为主观状态。但是，立即会出现看似坚决的反对意见，致使团体成员们的赞同意见只能陆续表达。

115 这是一连串分散的，至多是定期的意愿表达，其中包括征询选民意见、议会审议、公众集会等。各项活动间距甚长，而用时甚短，如同黑夜中一闪即逝的电光。

不过，要使指导思想成为法人团体的目标，必须将指导思想视为连续处于主观状态。在我们看来，尽管实证心理学把意识状态划分为若干互不连贯的单元进行分析，尽管睡眠和昏厥也会引起意识中断，但个体的人始终是精神主体。有必要找出一种缘由，来说明意识状态的不连贯，是可以经由我们内心所确认的主体而转化为连续性的。

虽说意识状态的一系列变动形式均与指导思想有关联，但那时指导思想还是客观之物，尚未在人们的主观意识中连续存在，故而，这样解释意识状态的连续性是不行的。相关缘由倒可能从权力机构的行动中总结出来；政权的行动均属有意识的行为，指导思想已在其中处于主观状态。无论追溯既往，还是预测未来，都是权力在各个意识状态之间架设桥梁，如同两节火车车厢之间的挂钩、折篷，将多节车厢连成颤动着的一列客车。

任何有意识的行动中权力都内含其中。在团体成员表达共同意见的过程中，总能发现权力的影响，不是执行权介入，就是多数派所左右的审议权为之清除障碍。审议权可能溯及既往，处理昔日形势所产生的现实后果；也可能展望未来，预防性地尽力解决未来可能发生的某些问题。法律本是审议机构多数派的主观产物，却被确定为普遍规范，用于调整未来事务，直至该法被废除或被修改。

权力机构灵活机动，权限甚广，能够干预团体成员主观意志的表达结果，直至参加随后的意志表达，据以实现主观连续性。众所 116
周知，德国人曾经试图把意志（willensmacht）变成法人的主题。然而，他们的主张是荒谬的，因为意志虽有伸缩性，却不能保证意志表达的连续性。如果意志不为一种指导思想服务，那它沿着什么方向保持连续性呢？这涉及过程、轨迹是否连续。而只有业已转入团体成员主观意识中的指导思想本身，为了融入有意识的行为，才能以自己的强大活力，支配意志力活动的轨迹曲线。因此，法人的真正目标只能是宗旨。无论是通过团体成员的一致同意，还是受到权力机构的操纵，国家指导思想总是会融入团体成员的意识，从而转化为主观状态的。权力机构总要持续不停地设法贯彻指导思想；它既受机关自身意志的左右，也受指导思想的约束[①-②]。

所以，在融合阶段，指导思想实现了客观状态的连续存在；到人格化阶段，指导思想已融入团体成员的意识之中，从而实现了主观状态的连续存在。两种连续性叠合在了一起。那么，指导思想

---

① 我对团体法人主观意识连续性的这一分析，深受格勒诺布尔大学哲学教授雅克·舍瓦利耶先生（M.Jacques Chevalier）关于连续与不连续的一篇论著的启迪。十分感谢他不吝赐教。该文转载于《亚里士多德学会回忆录》（*les mémoires de l'Aristolelian Society*）（增补第四卷），伦敦，1924 年，第 170—196 页。

② 我现在认为，在精英成员的直觉意识中还有一种连续性的因素；这种直觉意识不是产生于周期性的突变，而是实实在在连续存在着的（见我 1928 年的笔记）。

能从这种新形式的连续性中得到什么好处？我觉得，好处有三：一是可以用一定形式予以表达了；二是可强制性地落实了；三是可以有人负责执行了。

① 任何事业的指导思想都力图以主观的方式表达出来。所有团体的指导思想首先都是表现为纪律性的或成文的法律规则。可以说，这些法律规则就是指导思想的分泌物。无疑，它们会迅速得到具体落实；然而，它们在提出之时，实际上仅仅反映制订者的
117 主观意志，而制订者是以整个团体的名义行事的。更为严重的也许是，这种法律规则并不以表达团体指导思想的真实内容为直接目的。直接表达国家思想真实内容的国家法律又怎么样呢？对此，我们上文已经做过考察，法律主要是划界设限，勾画出不得逾越的边线范围。不过，有时候，正是这种界线的轮廓，使指导思想的真实内容在一定范围内确定下来。宪法规则和成文法规则尤其容易产生这种后果。

的确，一个团体主观上表达指导思想的最高形式并非只有狭义的法律；可以采取道德的或理性的形式；或者，如果这些表达形式变成了法律，那么，其在性质上就是法律的最高原则。

比如，18 世纪末叶革命危机中先后出现于美国和法国的人权宣言，都表达了现代国家指导思想的最深涵义，即国家的使命是保护社会上的个人主义秩序；宣言已成为“法国的公法原则”。因此，从那时起，大部分尚未确定的国家指导思想的精髓，也就逐步确定下来了。

教会历史上或许还有一个更能说明问题的例证。甚至在福音书发布了“基督的启示”之后，用赎罪观点进行了改造、传遍世界的

基督教思想还是不确定的。很有教育意义的是，正是在逐步确定基督教思想内容的工作中，尤其在相继通过确定基督教思想各项内容而使之维持了连续性的过程中，也就验证了业已融入教会团体中的那一部分基督教思想。这就是教会和教义的历史。就这样，宗教思想被确定下来，并表达在宗教信条中，因为宗教思想的核心就是信仰。那么，教会团体的连续存在从哪些方面有利于作为真正指导思想的教义的持续发展？

难道基督教思想一经传遍世界就不能作为一种客观真理而在 118
世界上自由地独自缓慢发展了吗？不幸的是，客观思想只有通过主观思考才能被人理解，以致自信自尊的法国大革命，威胁着要把对基督教思想的一些主观解释和异端邪说抛进大西洋。于是，教会团体内部千方百计进行沟通协调，按照革命政府的强制性安排，表示同意对神的启示真谛确定一种普遍接受并符合官方规定的主观解释。正是这种符合官方规定的解释，构成了教义和信条，并未清除其中继续存在的神秘性，还与基督教思想的正确内容最为接近，且最大限度地保证了教会活动的连续性。

这就是说，在对指导思想进行主观解释的过程中，得到教会团体配合的政府行为，远比个人的随意解释能够更好地使之保持连续性。

② 指导思想连续存在于人们的意识中，便会促使团体将其落实。在此，从法律上详述团体有无落实能力未必得当，我只想指出，当国家举借公债并可能使公债永久存在、让前后好几代人之间形成了惹眼的连带关系之时，国家的主体人格就确凿无疑了。我还要指出，国家落实指导思想的能力是与它的权限相称的，它有权

利用雄厚的财政资源。人们觉得，所有人格化的行会团体都有强制贯彻其指导思想的能力。

③ 指导思想持续支配人们的意识以及法人资格，势必促使行
会团体主观上负起落实责任，而不允许随心所欲、放任自流。毋庸
置疑，法律会对国家和行会团体贯彻指导思想工作中的过失责任
119 特别作出规定。尽管我对此类规定颇感兴趣，但还是只想强调一
点，即：贯彻实施显得更为重要。

总而言之，法人资格在主观上的连续存在，大大补足并丰富了客观存在的法定社团的作用；人格化使融合过程臻于完善；二者一起强有力地保证了客观思想在社会上的落实。

二

我们剖析了行会团体的机构之后，就该考察它的生存机理，看看它从生到死的全过程了，而且重点研究它在各个时段的法律状况。

（一）行会团体都是创建而成的。

有必要区分依据法律和依据习惯进行的两种创建活动。鉴于依据法律进行的创建活动已经比较清楚，我们就探讨依据习惯进行的创建活动。此种创建方式也有两个，一是依据一个人的意愿而创建，二是依据多人的共同意愿而创建。第一个方式产生的是医院、收容所等设施，其中没有一个由持续开展着创建活动的成员组成的常设集体，这一因素总随着相关产权的改变而改变；第二个方式产生的是同业公会或大学之类的设施，其中有一个由持续开展着创建活动的成员组成的常设集体。

下面，我们只探讨依据多人意愿而成立行会团体的创建活动。

创建活动的范围比人们通常所想的要广阔一些，因为许多创建活动为混杂在一起的其他活动所掩盖。每逢缔结一个合同、一 120
个契约或一个协议，往往就会创建一个什么社团；理应承认，团体创建活动是跟缔约活动交叉在一起的。如果一个股份制商业公司成立了一个法定社团，那一定是它的内部章程有此规定。而内部章程类似于契约，契约只能规定合伙人在公司内的义务、职责，犹如在公民社会中一般。瓦尔德克-卢梭[①]提出的结社法案，本来只允许成立一种毫无行会性质、符合契约规定的单纯社会团体。但在 1901 年 7 月 1 日该法案变成法律后，却一路下滑，将团体创建活动掺入了契约之中。在国际上，有些国家居然也是依据契约似的条约而建立的；同样，他们也是把国家创建者的创建活动掺入了契约之中。（比如，有些国家是 1919 年依据《巴黎和约》和 1920 年依据协约国的意志而成立的。）

源自多人共同意志的创建活动包括如下要素：一是含有成立意图的共同意志表达；二是拟订章程；三是行会团体的实际组建；四是对该团体法人资格的确认。

含有创建意图的共同意志表达是最重要的因素。这一表达必须是当事各方一致同意的，因而，不仅构成了创建活动的法律基础，甚至构成了该法定社团存在的法律基础，因为只有不断进行创

① 瓦尔德克-卢梭（René Waldeck-Rousseau，1846—1904），法国政治人物，曾任参议长和“保卫共和内阁”首脑；1900 年派兵侵华，镇压义和团；1901 年提出结社法案。——译者

造，它才能持续存在。这里，我们只打算探究这一因素，而无意从法律视角对之作全面阐述。

表达共同意志，说明成立意图，必须由参与创建团体的每个成员尽皆作出意思表示；可以同时表示，亦可间接地分别表示；其中
121 应包含开拓某项活动或创办某项事业的共同意志，其指导思想必须已为每个创建人所熟悉。这种由所有当事人自愿作出而又融洽一致的意思表示，就会产生预期的法律效力，也就是说，从法律观点看，创建活动可以着手进行了。有两件事尚需说明，即创建活动的法律效力和当事人共同意思的形成问题。

无论是依据单个人独自意愿，还是依据多个人的共同意愿来创建团体，其法律效力均须作出说明。个人的意志怎么就能产生某种社会团体呢？而且，原因和结果很不对称，令人吃惊：社会团体的存续时间一般会大大超过创建者的寿命，超出他们的最初意愿。应该想到，一个社会团体的组建及其存续期限，并非仅仅取决于原始创建者的意愿，还与所建团体之指导思想本身的功效密切攸关。指导思想不停地吸附新的加入者。这些新的加入者又会随着指导思想在社会上的实现，而持续开展团体创建活动。看起来，最初的创建者所做的，比他们能够做的都要多，因为他们在社会上播种了生机勃勃的思想；一旦播种下去，思想就会自己发育壮大起来。他们所做的跟种植园主所做的并无二致；后者种下葡萄或森林，这些果木肯定比主人活得长；而且，由于得到大地的滋养，果木的价值也会远远超过主人的付出。个人创建团体的自由，也跟物主的自由一样：人们有权利用社会上的自愿合作者，如同人们有权利用大地的滋养。而国家，出于政治考量，担心自发社团之间的竞

争引起社会不安，时常反对成立社团的自由；对此，我们就无暇深入考察了。

不消说，依据多人的共同意志来建社团，只有当事各方意见统一才能保证步调一致。至于如何方能形成统一的意见，在此需作比较详尽的论述。有三个因素有助于统一意见的形成，一是目标、意图的一致；二是权力的作用；三是目标、意图一致体现在宗旨上，122
因为宗旨就是目标、意图，而且是独一无二的。我们很看重宗旨的吸引力。不过，万勿以为有了这种吸引力就万事大吉了，从而以为创建者的意愿表达就是完全自愿的了。德国作者在分析协议[①]时就犯了这种错误。他们的所谓协议，就是我们通常所说的团体创建基础合约，即由同一目标、意图所决定的当事各方一致表示同意的一套文件。

这是社会契约论中始终存在的一个错误。从这层意义上说，卢梭所谈的社会契约已经是一种协议，因为缔约各方并未交换意见，但却由于大家都有同样的意图而同时作出了同意的表示。

真实情况是，一致同意之合约的形成，部分是权力机构进行活动的结果，而自愿同意与被迫同意只有十分细微的差别。

在国家所进行的创建活动中，我们司空见惯，每次修改宪法，权力都起着明显作用：愈发越来越多地先由政府机关对宪法进行修改，然后再让议会的政治多数派服从。在协会、工会、有限责任公司等个人社团的创建活动中，要召集成员大会，进行讨论，然后按照一定的多数而不是全体一致地作出决议。不错，可能会有持

① 此处“协议”原文系德文“Vereinbarung”。——译者

不同意见者打算离去，但是，也会有诸多顾虑阻止他们闹分裂；这些顾虑就是压在他们头上的道德约束。况且，实际上，一个私人团体的创立，都是由一个或几个头目倡议的，他们会千方百计施加各种各样的影响，而许多人出于这样那样的理由，是不能拒绝加入他们的。在这里，权力因素的介入会产生双重效果。

123 首先，权力会促使大家一致表示同意；权力甚至会通过成员大会上的多数表决来显示自己的威势。有目共睹，持反对意见的少数派往往被迫接受仅仅由多数派作出的决断，而他们却不会退出团体。其次，如此作出的决断本身就具有法律效力，强制大家一律遵守，这恰恰是权力的标志。应当由此得出结论，所谓“一致同意创建”，乃是一种权力运作，等同于各方自愿的活动，而所有创建者的确都在行使权利。此外，依据单个人意愿进行的团体创建，是直截了当的个人权力运作，几与立遗嘱人的活动相仿。成立团体的自由是一种私人权利，这就是为什么国家承认这一权利时总有点儿迟疑不定。

除了目标、意图的一致和权力的作用之外，还得加上个程序统一。团体创建情况复杂，活动接二连三，要取得法律上的一致，必须有一个来自外部的程序统一。光有目标一致和权力作用这两个内部因素是不够的。既然加入团体可以有先有后，既然各种不同手续可以分阶段办理，比如，加入有限责任公司要缴上四分之一的应募资本，以证明对公司的支持；比如，要反复召开成员大会，等等，此类多次重复的事情应由同一种程序连接起来。至于有限责任公司，它在创建时期的程序已由法律作了规定。我曾强调指出，1906 年一本题为《团体及其法定权利》的法规手册，虽然很不完备，其中却已规定，创建团体须“按程序进行”。对此，我就不再赘述了。

现在，有些新情况令人关注。团体创建是一种主观活动；行会团体是在创建意志达成一致的突变中成立的。然而，正是在此突变中，宗旨渗入团体成员的意识之内，从而转化为主观状态。对此，我们上文业已作过详细阐述。不过，我们这里还要补充一点： 124
人们可以从这种主观突变中得出结论，团体的法人资格是与行会团体同时产生的。但是，如果由此断定，法人资格先于团体而产生，并把法人资格当作团体产生的原因，那就未免太过分了。那些极端主观主义的信奉者就犯了这种错误；他们用法人的愿望来解释国家的创立，商法专家则用新生法人的愿望来解释创建有限责任公司的整个程序。

此类错误掩盖了一件事实，即：指导思想的确在团体创建伊始即已存在，而且像酵母似的会使面团发起来。但是，在创建活动开端之际，它尚未将社团“装备”为法人，因为此时的社团还没有各种机关。换言之，他们是把本身尚待证明的预期事实当作作出判断的依据，认为法人的各种机关已经在创建之初按照法人的意愿建立起来；而实际上，在一个法人建立起各种机关之前，它是无从具有什么意愿的。

实际情况是，法人团体是由创建者从外部创建的。创建中的危机仅仅是主观上的，在于使指导思想渗入个人意识之中。当真要形成法人之时，势必就牵涉政府了；政府的相关行为也会引发主观上的危机，不过，那是要使当事各方均在法人条件的基础上达成意图一致。

否则，组建权与行政权就没有什么区别了。

（二）在任何情况下，行会团体都是依据法定程序成立的。那么，它们的日常活动也要在法律范围内开展吗？

答案是肯定的。一个行会团体若要确保自己的生存，靠的是成员大会的决议、董事会的决策、管理者的决定，凡此种种，皆具有法律性质。在私人机构中，合伙人共同订立的章程和契约也有法律性质；这些文件的失效，亦须依据章程和契约办理。至于公共机
125 构，尤其是国家，其所做决定的法律性质源自权力机关，政府和行政机关正是依靠这些决定而正常运转。权力机关所做的决定自然很有效力；若要使此类决定失效，在法国，须对其越权事项提起证据十分充足的上诉。这里，比之对私法的分析，我们对公法的分析较为周密。无论什么团体，甚至受私法管辖的行会，其决定也摆脱不了与权力机关的干系。只有作出的决定，才能体现机构的决策权；当然，所做决定若有越权过错，也可能受到控诉。

（三）虽然行会团体都想维持长久，但它们也像一切存在一样，谁也不会永恒。有时，行会团体由于组织拙劣或思想衰退等内部原因而死亡，但一般是由于在社会上受到疏离或敌视等外部事故而垮台。团体死亡原则上是要采取法律形式的。

或者，团体被外部势力废除，比如波兰，18 世纪被普鲁士、奥地利和俄罗斯串通一气瓜分掉；再如法国大革命前旧制度下的若干团体、机构，为革命法令所取缔；再如法国的一些宗教团体，因未经 1901 年 7 月 1 日法令所批准而遭撤销或清算。

或者，团体由其成员全体大会的决议而自动解散。

团体撤销或解散会导致财产清算等法律后果。一个世纪以

来，行会思想使财产清算领域取得巨大进步。19 世纪初，法国曾经毫不犹豫地决定，被废除团体的财产归国家所有；根据《民法典》第 539 和 713 条，这都属于无主财产。而今人们承认，团体可自行以其章程规定其财产的命运。在团体自动解散或被撤销的情况
下，可交由成员全体大会仔细规定财产的用途。这就等于承认团 126
体有权立下一种合法遗嘱。

上述简短叙述已经足够说明我们的打算了；我们只是扼要地指出团体从生到死的深刻法律性质，并不想缕述每一幕戏剧的全部细节。

三

从上文相当复杂的阐述中可以得出多种结论。

不过，我们仅仅关注三个问题：一是团体在社会上连续存在的基础；二是法人资格和法律人格的真实存在；三是法律准则的次要作用。

（一）应从行会团体（国家也是一种团体）方面，从团体的创建活动方面，寻找团体在社会环境中持续存在的基础。行会团体只要还存在着，只要还坚持着自己的指导思想，不断地开展着活动，它就会尽心竭力，从客观上、主观上想方设法，维持其必须维持的整个法律地位。由于团体只有依靠自身的不断创建才能维持存在，而不断创建必须动员自身的指导思想、能力和各方同意这三种因素混合发挥作用，如此，则团体的连续存在就是必然的了。人们可以列成如下方程式：(1)连续性等于团体加创建活动；(2)团体加创建活动等于指导思想、能力加各方同意。

127　（二）同时，通过考察团体的融合和人格化现象，我们确证了法人的真实存在。融合的结果因人格化而加强。如果说融合使团体的指导思想实现了客观连续性，那么，人格化又使指导思想实现了主观连续性，指导思想的效力从而倍增。看来，对法人资格不可能再有更深入的论证；至于法律人格，它源自法人资格，因为它只是对法人资格的一种修改和装饰。所以，法律人格也具有同样的事实基础。

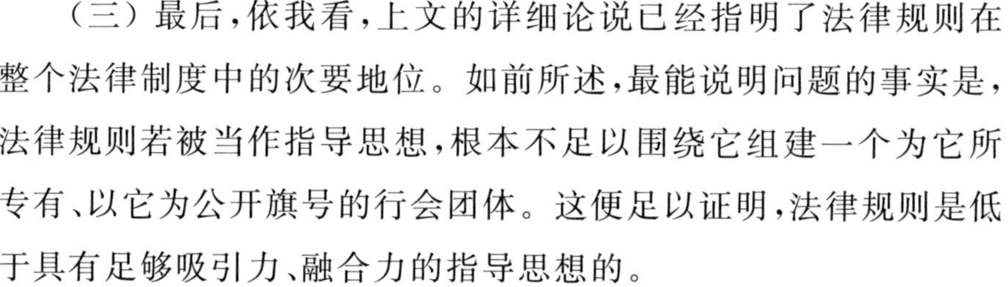

（三）最后，依我看，上文的详细论说已经指明了法律规则在整个法律制度中的次要地位。如前所述，最能说明问题的事实是，法律规则若被当作指导思想，根本不足以围绕它组建一个为它所专有、以它为公开旗号的行会团体。这便足以证明，法律规则是低于具有足够吸引力、融合力的指导思想的。

这一容易理解的对照，再次把我们带回到一个再古老不过的真理：法律制度的重要因素乃是法律当事人，即个人和行会团体，因为他们都是富于生命力和创造力的人；他们既能体现指导思想，又具有落实指导思想的能力。至于法律规则，只是代表设限划界的主意，而不会体现创新宗旨。

众多期盼着活下去并有所作为的人，都希望自己的活动能够持续开展。这其中，行会团体和个人一样，均居于首要地位，因为他们同时体现着行动性和连续性。而法律规则位在其次，因为，如果它体现了连续性，它就不能反过来体现行动性。

莱昂·狄骥构建其客观法体系之时，把宝都押在了客观法和
128 法律规则身上，这就错了。法律体系的真正客观因素乃是制度。确实，制度内也有主观胚芽，人格化现象会使其发育成长。不过，

制度汇编中始终存在着客观因素；而这种独特的汇编，加上指导思想和建构的权力，在法律上远远优于法律规则。是制度造就法律规则，而不是法律规则造就制度。

※　※　※　※　※　※

我把这篇论文作了适当压缩，题为“试论社会生机”，介绍了我的全部主张。指导思想凭借自己特有的吸引力，从可感知的客观状态过渡到主观状态，从这个人传到那个人而又不失其同一性，它才是社会团体不可或缺的生命原动力。指导思想本身可与我们的精神相分离，并反过来影响我们的精神；同时，它又把自己那可与个人性命分离的生命力灌注给了社会团体。

除了考察上述现象之外，我们不去探索跟指导思想之明显客观性相对应的是不是心理上的实体感。了解这一点当然很重要，因为有些思想就是比其他思想更有真实感，且更接近真理。不过，对实体性的寻求应是哲学家的任务。乔治·杜梅尼尔写了一篇文章，谈论概念的作用，追溯了最近 30 多年的资料，努力研究各种思想的求实精神。我们期待着从这些新资料的基础上，建立起社会团体生机论物理学的形而上学架构[见雅克·舍瓦利耶，《17 世纪的法国唯心论》(*L'idéalisme français au dixseptième siècle*)，载《格勒诺布尔大学年鉴》，1923 年]。

第二章 不可预见理论与社会团体支配的契约[①]

129 或许人们尚未找到一条最佳途径，就适用于一切契约的普遍准则，诸如重大失误、理由不足、不当得利、一方当事人受损、应变条款[②]，等等，创立起完整的不可预见理论。似乎还没有任何研究成果令人信服[③]。

这就要尝试一种不同的方法：可以假设，不可预见理论只适用于某种情势、某种契约；如此，我们就得去寻找这样的契约和情势。

我们应当试一试这个不同方法的运气。我们可以借助行政诉讼判例，力求确定某些行政契约中诱发人们去运用不可预见理论的因素；然后，看一看某些私法契约中是否没有与之相同的因素，民事法官是否不应从中得出与行政法官相同的结果。

---

① 摘自1926年1月15日的《私法杂志》(*La Revista de Derecho Privado*)。

② 此处原文系拉丁文"*rébus sic stantibus*"。——译者

③ 参见：拉杜昂(Radouant)，《论偶发事件或不可抗力》(*Du cas fortuit ou de la force majeure*)，1920年。莱维·乌尔曼(Lévy Ulmann)，《英国法关于不可能执行合同事项的规定》(*L'inexéculion du contrat pour cause d'impossibilité en droit anglais*)(*Annales de droit commercial*)，1921年。瓦兰(Voirin)，《论私法关系中的不可预见性》(*De l'imprévision dans les rapports du droit privé*)(*Thèse Nancy*)，1922年。G. 里佩尔(G.Ripert)，《民事债务中的道德规范》(*La règle morale dans les obligations civiles*)，1925年，第133页等。

有目共睹的是，1914 年大战以后，法国最高行政法院已为公共服务团体所支配的契约，发展出了不可预见理论。要么，这种团 130
体完全被卷入契约之中，就像在法国被称为公共工程特许经营的公共服务特许经营那样；要么，与契约无涉，但却对契约产生重大影响，因为公共服务团体开展活动的最终目的就是使公共服务正常运转，就像在公共工程合同，甚至在分期供应合同中那样。

看来，导致不可预见理论登场的特殊因素是与契约密切攸关并控制契约的公共服务团体。故而，应当搞清楚，这种团体的做法是否不应全面推广，是不是任何控制契约的社会团体都不应拥有同样的影响。

至于我们，同意这个普遍性的正确建议；这也就是为什么我写下了大家刚刚看到的本章开头那个标题。不过，还得从法律角度进行论证。

（一）首先必须确认应被当作出发点的这一事实：在双方得失相当的实定契约（合同）中，已经引入了不可预见理论的成果“分配正义原则”。诚然，不可预见的风险有别于可预见风险；后者仍然遵循着“各自风险各自承担的交换正义原则”，而不可预见的风险则被宣布为缔约双方的共同风险，自应分摊共担。分担风险的事情始现于最高行政法院 1916 年 3 月 30 日所作的第一个战时裁决，即关于波尔多煤气公司的裁决。这个裁决如同从朱庇特大脑中一生出来就全副武装的密涅瓦[1]，其完美和果敢令人吃惊。其

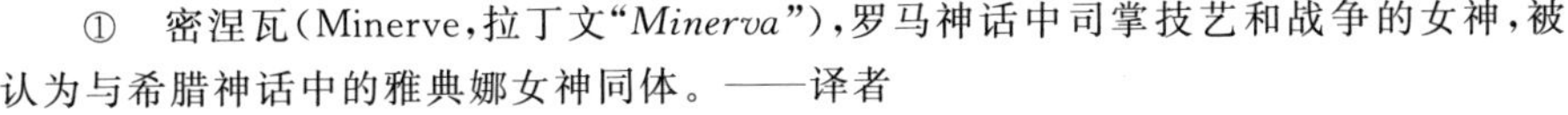

① 密涅瓦（Minerve，拉丁文“*Minerva*”），罗马神话中司掌技艺和战争的女神，被认为与希腊神话中的雅典娜女神同体。——译者

中说，“根据对合同的公正解释，在过渡时期，煤气公司仅仅承担让它负担的不可抗力所造成之部分严重后果”。

而且，尔后的判决发展了法官那时的思想。现在，众所周知，
131 各省行政法院审理案件时，为了使公共服务不致中断，在宣读现行合同（契约）后，总要办两件事：一是公平地确定应当拨付给公共服务特许经营者的赔偿总额，以弥补不可预见的风险使之增加原料投入而造成的各种意外损失。二是在特许经营者和授权行政机关之间以合理比率分配这笔赔偿金。或许不是对半分；实际上，几乎只留给特许经营者十分之一[见阿里贝尔（Alibert），《公共服务特许经营中的不可预见因素》（*L'imprévision dans les concessions de Services publics*），1921 年]。但是，这已足以说明，的确存在着一个分配系数。

此类分配系数也出现在 1918 年 1 月 21 日的《费约法》（*la loi Faillot*）中。若遇撤销契约的案件，该法第 2 条授权法官作出裁判，让要求解约的一方给另一方支付损害赔偿。这也是一种分担风险的方式。

那么，需要分担的共同风险究竟来自何处？缔约双方怎么能有共同风险？在谈论抽象契约问题的文章中肯定找不到答案。解析双务契约（合同）也不会突然发现双方当事人之间的共同利益和共同风险，因为他们任何一方都在追逐自己的私利；在他们相互同意了对方所提条件时，彼此之间就要履行不同的职责。不过，除了谈论抽象契约问题的文章之外，还有一种很讲究实际的假设，使契约人为地复杂化；在他们的想象中，当事双方互相配合，订立契约，总有些不可告人的隐秘。实际上，团体与人缔约，共同的利益和风

险都是明摆着的。在订立契约的整个过程中，同意对方的歧异目标已为双方致力于同一目标所取代，形成了一系列并行不悖的愿景、和衷共济的想法以及相互关联的利益。而且，契约的开头通常都要加上一个说明，德国人称之为“协商约定”(Vereinbarung)，在我们法国则称之为“缔约共识”。

在所有活力十足的合法团体中，与利益共同体相适应的思想上的一致性是存在的。由此产生了一种共同精神，这在国家，称为 132
公众精神，在协会称为团体精神；在私法关系中则称为家庭观念，等等。

在受某一团体支配的契约中，共同精神日渐深入人心，从而产生了共担风险、分配正义的意念。

于是因果链以下述方式确定下来，一是契约受某一团体支配，人为地复杂化；二是团体的共同利益及融合精神使契约内容错综复杂，外人很难弄懂；三是在遇到被视为共同风险的难题时也往往采取公平分配方式。

当然，契约中人为特造的因素并非一出现就引起了人们的注意，其后果也不是一下子就显露出来。但是，这种情况不久即引起了法律专家的注意。许多人仍然不相信这种情况会频繁发生。所有法学理论仍然仅仅以单纯的规范契约为依据，而这种契约的适用范围正在日益缩小。

在这一点上，关于公共工程特许经营之行政诉讼判例的流变颇有教益。1880 年以前，行政法院审案，只看契约规定的技术细则条款，完全接受契约自主原则，尤其想使授予特许权的行政机关的支配性意愿获得圆满结果。行政法院坚决贯彻技术细则，甚至不惜危害公共服务的运行。那是一个时兴严厉制裁的年代。受权经营者稍许违背招标细则，就可能被市政当局用一个草率的简单决定予以褫革、接管。受权经营者可能因而破产；公共服务由市政当局临时安排人员经营管理，也往往受到损害。这一切，一时并未
133 引起人们的警觉。大家看到契约中的规定都能取得胜利而心满意足，便为订立契约而忙于制订僵硬的技术招标条件。

大约在 1886 年前后，人们开始怀疑这种逻辑推理的优越性，开始怀疑为社会所必需的公共服务的重要性，对于太过倚重契约颇感忧虑。人们开始思索：既然已建公共服务已成为社会生活的一种动力，公众已经习惯于它们的正常运转，那就绝不应被轻率地打断。首先，最高行政法院判处几个城市赔偿公共服务受权经营者的损失，因为这些城市曾经错误地剥夺了他们的经营权。接着，行政法院宣布那些城市所作辞退特许经营者、接管公共服务的决定无效。最后，行政法院裁定，受权经营者如果违背了招标细则规定的职责，原则上只应处以损害赔偿；他们不让公共服务中止运转便是优点。其实，这种损害赔偿处分，连招标细则中都未予预先规定过[参见最高行政法院 1878 年 2 月 8 日关于帕斯盖（*Pasquet*）案、1895 年 4 月 6 日关于戴斯布耶（*Desboyes*）案、1905 年 1 月 20 日关于地方水务公司案、1907 年 5 月 21 日关于戴斯普朗克（*Desplanques*）案的裁定]。就这样，僵化执行招标细则的原则，亦即契约至上原则，逐步为公共服务至上、灵活执行招标细则的原则所取代。但我要强调，这种演进乃是客观形势深入发展的结果，并显示了当时契约中或多或少的人为因素。

与之同时，在电力照明企业和原先特许经营的煤气照明公司

之间发生了竞争，引起了一些纠纷。行政法院于 1881 年 5 月 20 日对克雷斯特市（*Crest*）案、1891 年 12 月 20 日对圣艾蒂安和蒙特吕松市（*Saint-Etienne et Montluçon*）案作出判决（载判例汇编 1894.3.1 及解释），第一次采用袒护煤气照明公司垄断经营的判例政策，来解释这些城市制订的不利于竞争企业的招聘合同，似乎煤气公司能解决任何种类的照明问题。这显然是既存公共服务因素对契约 134
合同的解释产生了影响。为了使已有的此类公共服务机构不受损害，应该将垄断经营范围扩展到所有照明领域；对等条件是如果城市在一定条件下向其提出这种要求的话，原有特许经营者煤气公司，必须真正能够提供哪怕是电力照明，[见行政法院 1902 年 1 月 10 日关于德维尔莱斯鲁昂（*Deville-les-Rouen*）案的判决，载判例汇编 1902.3.13]。

显而易见，从那时起，行政法院便致力于清除特许经营契约中当事双方围绕履行公共服务职责所形成的纠结在一起的利益共同体因素。难道这就可以说，在特许经营期间，行政机关和受权经营者就像是两个合伙人或一对夫妻了吗？

其实，公共服务特许经营契约已经规定了公共服务正常运转的制度和详细条件。公共服务同时隶属于行政机关和经营者。既然是公共服务，自应由行政机关管辖；既然需要经营，自应由经营者操控。经营者建造的设施装备，在契约终结时归属行政机关。要求用户交纳的费用须经行政机关和经营者双方同意。契约中订立一些财务条款常常是必要的。实际上，在公共服务特许经营的漫长时期里，缔约双方的关系是连续不断的。

总之，当 1914 年战争造成了公共服务特许经营契约中未曾预见到的问题之时，行政法院就准备将发生在合作搭档之间，至少是发生在公共服务制度使之形成了连带关系的协作者之间的这一问题弄清楚。

况且，已经有了铁路特许经营这个先例：相关契约对国家与路网公司之间在金钱上的连带关系规定得十分明确，并有接二连三酌情达成的协议使之日益紧密。1914 年大战爆发后，堪称国家命
135 脉的交通运输必然被打断，而且交通设施被陆军部征用。不过，即便没有军方的征调，即便无法预料的煤炭涨价所致运费激增并未造成任何困难，负责营业账目和利益保障的机构这一维系缔约双方合作的真正齿轮，在战时也只能独自尽可能保证公平地分担风险，直待战后谈成新的协议时为止。

但是，公共服务机关（团体）若要支配契约，不一定非要像在公共服务特许经营契约中那样亲自成为签约一方，而只须掌控契约、合同的最终目的也就够了。

首先，有些公共工程承包合同就是如此。为了提供公共服务，必须建造相关的公共设施。建造此类设施的公共工程，须由行政机关进行招标。商家若不肯承建此类设施，便不得参与公共服务的提供。早在第一次世界大战以前，法国行政法院就确认，这种公共工程承包合同中无法预料的风险须双方共担；正是所遇情况催生了它的这一理论主张[参见行政法院 1884 年 5 月 2 日关于马克内（*Maquenne*）案、1886 年 5 月 28 日关于佩里舒（*Perrichout*）案的判词；本案中，公共工程施工中遭遇地下水，碰到格外坚硬的地层]。可以说，直到那时，公共服务机关（团体）的权力始终在扩展，行政机关与承包商之间甚至建立了某种利益连带关系；而且，承包

商构成了一类专门员工，他们的身影经常晃动在公共工程招标场合，成了行政机关的助手和雇员。

同样的情况也出现在连续供货合同中。供货承办人或许并不直接参与公共服务的运营，至少一般不是如此。但是，通过收集、提供供应品，他们使公共服务得以正常运营。于是，他们也构成了一类专门员工，成了行政机关的助手。

对于公共服务受到的内部控制以及上述两种合同的最终目的，尚须加以阐述。遇有合同不曾预见到的风险，行政法院曾经适用对公共服务特许经营者适用的同一法律原则[参见行政法院
1918 年 2 月 8 日关于普瓦西（*Poissy*）照明公司案的判词]。而根 136
据 1918 年 1 月 21 日的《费约法》（*La loi Faillot*）第七条，立法机构把各省、市镇和公立公益机构与商家签订的连续供货合同，都当作市场买卖合同而废除了。

（二）公共服务机关无论是作为缔约一方，还是仅仅掌控契约、合同的最终目的，它总要在契约规定的范围内行使支配权，并在它的作用下分摊不测之险的后果。用这样的观点审视行政法院的判例是适宜的，因为，它在初期判决中使用的某些太过绝对的词语可能会让人误入歧途。

最高行政法院的判决曾把不测之险所致负担视同于契约规定之外的负担，甚至公开宣布此种风险造成了契约规定之外的状况。此话何意？难道我们都处在契约之外？

这样解释偶发事件有着严重的缺陷。

首先，有人在不可预见的风险所致契约外状况与契约条款之间筑起了一道密不透风的隔墙，之后，便甘冒风险，毫不顾惜按照

契约、合同提供给经营者的人力、物力，反正东西缺了就由国家予以补偿。比如，同一个照明公共服务经营者，他因煤炭涨价而在煤气照明方面损失巨大；而同时，他因使用瀑布发电而在电力照明方面又获利甚丰。倘若给予补偿时不从他的利润中扣除他的损失，那便有失公允。

在这一点上，法律原则已经迫于形势发生了改变。

还有一个更具理论性、虽很严重却不大引人注意的缺陷。倘若不测之险造成的状况均属契约外状况，那么，行政机关赔偿经营
137 者损失的责任就不是源自契约。既然如此，该项责任的依据何在？有人可能会说，即便行政机关不向经营者作出损失赔偿，法官亦可强制该经营者不顾经营亏损而确保公共服务的正常运转，因为该经营者已从行政机关手中大发横财。如此，则不予赔偿的依据在于经营者财富的来源。不过，为了跳得更高，必须后退几步。请问，法官凭什么强制经营者排除万难、不顾一切地提供好公共服务？城市不得褫夺经营者的责任来自何方？皆非来自法律，法律中没有任何一条相关规定。战争状态可以赋予法官此类完全权力，平时却不成。人们所说的完整权力都是赋予行政机关的，从来没人说过赋予法官完整权力，而且，必须由一项法律授予行政机关完整权力。

实际情况是，法官只有通过对契约本身作出一个解释，才能解除经营者继续提供公共服务的责任以及相关城市赔偿经营者的责任。因此，上述责任只能来自契约。

不可预见的风险无疑是在当事人约定的事项之外，这显而易见。但在公共服务特许经营契约中，本来就会有一些问题与当事人的约定不是一码事，当事人也已承诺接受这种会产生无限风险

的公共服务运营体制。只有在落实了上述条件的情况下，约定事项之外的风险才应由双方分摊共担。

由于公共服务特许经营契约中必须含有团体在契约中未予明示的承诺，可以说，无法预料的风险本身，在订立契约时已经受到考虑并做了规定。至此，我们就掌握了一个完整的法律周期。不可预见理论虽然使用的是时髦语言，倒也符合某些社会现实和法律技术。社会现实是指依据风险共担契约而运营的公共服务体制，以及由此产生的分配正义观念；法律技术乃指当事双方自愿订
约，同意承担契约产生的一切法律后果。138

行政法院最初没有看清事件之间的关联性，因而认为不可预见的风险所导致的状况具有契约外性质；但它尔后反复思索，僵硬的观念渐次纾解，所谓契约外状况也就消失了。

行政法中的不可预见理论，也必然适用于私法关系。理论是唯一的，别无二致，因为法律原则是统一的。

私法中也有不可预见的风险。如果有这样的私人契约，它们受私人社会团体支配，却又跟我们上文刚刚审视过的契约那样，与公共服务密切攸关，那么，这种私人契约亦应受公共服务社会团体的掌控。所以，在此类隶属于民间团体的私人契约中，应清除当事双方的利害连带因素，以免法官根据这种连带关系，按照分配正义原则，强制双方分担共同风险；这种风险应由私人社团承担。有些社会团体确实是在私法范围内支配某些契约的。现代国家的社会制度既过分推崇个人主义，又过分行政化，民间社会团体的地位受到贬抑，似乎消失在了公共团体的背后。然而，随着社会问题的泛

滥,国家再次难以招架,私人社会团体又显示了它的重要性。重新兴盛的合作主义和社团主义运动充斥着公司、协会和工会的私生活。在这些团体周围,各种小派别按照自己的支配意志,通过与人签订契约,建立了它们控制下的关系网;这些契约符合它们内部负责诉讼事务的部门所精心设计的形式,与之签约的人常常是被迫
139 接受的。再者,信贷的需求催生了若干团体,诸如债权人财产共保团体,能在可怕的破产前景左右一切商业联系时发挥作用。

当然,家庭和私有财产这两个原始根基,仍然是适合现代社会之若干制度的源泉。家庭虽在变小,却会连续存在。我们发现,关于夫妇成家立业、传宗接代和财产继承的制度始终充满生机;至于私有财产,关于地产管理、农庄开发的制度也很发达。正是这些基础性的社会制度,支配着我们为人处世的态度。

(一)我们首先考察地产制度。人们通常认为,资源充沛、经营良好的地产,乃是为国民生产所必需的经济单位。《民法典》虽然奉行个人主义,赞成耕地分割,却也主张进行农业开发;它承认家长拥有适度开发地产及其附属不动产的合法权利。第 832 条要求,分家时应尽可能避免分割开发中的田地。民法判例竭力促使地产分割时形成新的适建地块。最近,针对家庭不可分割财产的立法,进一步采取了另外的保护措施。在修改我国的继承法方面,在扩大可继承财产中被继承人自由支配的份额方面,人们渐有共识,受到广泛关注,都想使为人父母者比较容易地将整个地产传给一个孩子,而用其财产中若干个较小的份额去解决其他子女的继承问题。在第一次世界大战和《凡尔赛和约》产生的国家中,诸如波兰、爱沙尼亚、立陶宛、捷克斯洛伐克,等等,国家的形成无不伴

之以土地改革；而在土改中，他们考虑最多的是：应使改革后新地产的面积适于进行开发经营。

社会制度本质上都是基于某种思想而建立的；而思想必须融 140
入众人心中或现实事务中。在地产制度内，思想与一定范围的土地结合在一起，通过人们的日常联系和连续不断的建设活动，即《民法典》所谓家长有目的的地产开发，而附着在制度上。

地产制度对某些契约也具有决定性影响。

那不会是销售合同之类的契约。应禁止大地产被切割成小块，但这只能通过立法来实现。我们所要研究的则是这样一些契约：仅仅因为事物的性质而受到地产的影响，而且影响严重，致使可能发生无法预料的问题。

租赁类的合同给我们提供了若干实例。此类合同应当与销售类合同毫不相干。比如，无论是乡村居住地的房屋租赁契约，还是带有役畜的农场租赁契约，租户肯定是只缴租金，完全自主经营并承担各种风险，而地主很像是暂时出让了使用权和收益权。在对房舍或地产的开发、经营方面，地主和租户根本不是什么合伙人、共事者。大战期间及战后，此类租约只能通过立法机构的政策干预进行修改，法官也只能按照租赁立法让缔约双方分担未曾预见的风险。

但是，也有一些农村地产租赁契约既与出售合同大相径庭，又有地主和承租人之间在开发地产方面的协作和利害连带关系。这涉及那些签订分成租佃制即土地收益分成制契约的家庭；租金不按现金计算，而是按收获物分成；依据传统惯例，地主决定经营方针。

有人甚至说，土地收益分成制契约最为完美，缔约双方的合作 141
最为亲密，因为此类租约的有效期没有限制，地主提供的役畜也不计价；而且，无法预见的问题也不会发生，因为事先业已敲定，出了事儿各自自动分担事先约定的风险。

实际上，一方面，此类契约随便哪一年均可撤销；另一方面，役畜的风险对半平分，每次购进或售出之后都要结账。总体上可以说，在土地收益分成制租约中，不仅有按照当地习惯订立的条件细则，也有对缔约双方都公开的日常经营流水账，这使人不禁想起我国铁路特许经营中的那种账簿。在这种分成制租约中，倘使确定了几年的租用期，倘使对代养的牲畜作了估价，那么，双方合作共事的情况就要少得多；其间，租佃者就可能随意拿牲畜进行投机倒把，以应付他的各种风险，只要在他退出租约时牲畜估价恢复到与他签约时大体相当就成了。在这种牲畜价格曾经铁一般稳定的交易中，就会出现无法逆料的问题，因为，对战前缔结的租约来说，当事双方都不可能想到大牲畜价格会疾速飙升四倍。竟然有过这样的事情：一个租佃者当初接收了 20 头牛，约值 2 万法郎，退约时只须恢复到 5 头牛就足够 2 万法郎之数。显而易见，经营地产所必需的役畜已经严重欠缺，必须由地主出资补齐，因为 5 头牛实在干不了 20 头牛的活儿。有些地主缺乏立即买牛的流动资金，若干地区的农业危机随之发生。如果法官具有社会制度的观念，多为地产的经营和社会的利益操些心，而不是褊狭地拘泥于契约，他们就会让当事双方分担风险，从而既不使地主也不使租户衰败或破产。

142 上诉法院曾经力图挽救耕牛危机，提出这样一种主张：租约所订役畜估价是指一定头数之大牲畜的耕作价，并非牲畜本身的价值。这一解释虽然缓解了地产危机，而且地主也作出了牺牲，法国最高法院仍然不予承认。瓦兰先生在其《私法关系中的不可预见问题》（南锡，1922）一文中，过分匆忙地作了自我安慰（见其第284页），他指出，如果地主已经破产，而租户却发家致富且能购得该地产，那是不能容许的。按照这种推理，关于煤气照明特许经营，大家也可以说，如果煤炭涨价导致受权经营的公司破产，那是公共服务所不能容许的，因为城市已经通过官办公共服务来保障其正常运行。法国行政法院相当仔细地审视了这一情况，不仅认为公共服务由受权承办者经营要比官办更能得到保障；而且认为，让承办公司及其股东破产是有害的，因为让人破产乃是一种革命。

工厂的雇佣合同即劳动合同也值得注意。时至今日，人们大概不会说工厂这类团体已经融入了契约。即便有了集体劳动契约，至少阶级斗争精神和罢工事件仍然大量存在，资方与工人之间的利益连带关系并未因工人参加企业管理而由工人表达出来。尽管如此，工厂对形势的影响举足轻重。随着产业制度的日益完善，资方与工人之间潜在的利益连带关系将会渐趋明朗。从现在起，倘有必要，法官难道不该扫除障碍，使这种潜在因素得以彰显吗？如果有人将工资波动引发的争端向法官提起诉讼，而不是直接用暴力行动解决，那么，从现在起，法官难道还是只按供求规律断案，
而不让资方和工人分担源自工资级别骤变的不可预见的风险吗？143
总而言之，公平地分担风险难道不正是应该来自法官对案件的成功判决吗？

（二）从家庭方面看，如前所述，现代社会制度涵盖夫妇成家立业、传宗接代和财产继承诸问题。这种制度受家庭观念支配；这里的家庭观念是指分配正义观念。

夫妇共同生活是一种源自婚姻的制度。为家庭生活提供各种

费用是婚姻契约和夫妻财产制度所要解决的问题。我国《民法典》第1395条规定，在婚姻存续期间，夫妻财产契约是不可改变的；这一规定是契约从属于制度的明证。

假设由于这一从属关系才导致夫妇分担不可预见的风险，则此种事情或许不大多见，但不妨想象一下。例如，有一对夫妻，按照婚后所得财产共有制结婚，而妻子自己婚前买了一些法国公债。1914年大战前，做行政官员的丈夫以极高价格将妻子财产中的公债出让，所得现款充实了共同财产，而没有再行投资，可共同财产逐渐贬值。战前，丈夫总是倒换着购进新的有价证券，却没有办理再投资手续。战后，他们的夫妻财产共有制解体时，有价证券贬值50%。然而，丈夫必须按照第一次出让公债时的价格偿还其妻。这与家庭观念背道而驰，引起广泛抗议，以致议会介入，通过了1919年3月15日法令，修改以往的陪嫁财产制度，规定：已出让之有价证券的价值应按清理共同财产当天的市价计算。不过，这一保护性法令只适用于停战后两年内进行的清算。显然，1919年的立法机构还对大战引起的货币混乱延宕时日抱有幻想。但是，
144 难道不应该有一个判例，深刻阐述社会制度的重要性，并宣布该法令仅仅是如实解释家庭事务的性质的吗？家庭事务性质还会继续强制性地让夫妻双方分担无法预料的风险；当然，肯定不会是通过改变对陪嫁财产的估价，而是通过对婚姻契约进行直接的合理解释来做到这一点[1]。

① 参见科兰(Colin)、卡皮坦特(Capitant)，《民法论》(*Traité de droit civil*)，第三卷，1925年第四版，第554页等。

财产继承制度对生前赠予或直系尊亲赠予—分配等契约有着重要影响。它规定继承开始时赠予的比例，也规定特留份的比例，规定对超过自留份的免费让与的扣减事宜。这里，我们只探讨返还应继承财产的义务，以便对不可预见问题做些假设。

根据《民法典》第 868 条，应返还的动产必须按照赠予时的动产价值从应继承份额中扣除。假设，一战前，一位在世的父亲赠予他的三个女儿等额的现金。第一个女儿拿钱去买了俄罗斯证券，第二个女儿买了法国公债，第三个女儿买了英国证券。战后继承开始时，如果三个女儿必须用战后的法郎币值折算应返还的款项，则第一个女儿损失巨大；第二个女儿损失较小，但也明显；第三个女儿却获利甚丰。我们假设，当然是假设，1919 年 3 月 15 日法令在此并不适用，因为继承是在停战两年以后才开始的。那么，我们马上就要重提这一问题：一个深信家庭制度的重要性，也深信一家之长会公平分配财产的法官，还不该通过对生前赠予契约的合理解释，直接强令三个继承人分担未曾料到的风险吗？

最令人感兴趣的当是直系尊亲分割遗产事务可能造成的局 145
面。为了使地产不致化整为零，他们让一个孩子交上补足金，将其他共同继承人的那些份额买下来。该继承人本来指望地产的正常收益可以使之在一个合理的期限内分期付款，还清债务。然而，在此期间，会时而葡萄遭灾，时而板栗虫蛀，时而橄榄受害，不虞之患接二连三。这个债台高筑的继承人可能变得无力偿债，但他却无权以自己遭受的损害比别人多为由，要求撤销最初的分家契约（见《民法典》第 1079 条），因为曾有判例裁定，在生者之间签订的遗产分割契约中，必然已经考虑到财产将来分割时的可能损失（参见法

国最高法院1876年5月15日关于根瘤蚜虫所致葡萄大灾荒的一个判决，载判例汇编76.1.420）。但是，在本案中继承人是否可以要求法官缓和一下他跟共同继承人所签契约的效力呢？是不是家庭制度不允许法官适用不可预见理论呢？我们在此面对的是一件最单纯的家务事，直系尊亲作为赠与者，已经在分配正义精神的主导下安排妥帖。如果说家庭制度并未对此事的最终结果即地产继承人缴纳补足金的问题发挥影响力，那是难以让人接受的。

显而易见，我们在上述推论中已经从战争引发的不可预见的风险转入自然灾害造成的不可预见的风险，而后者产生的惨重后果，往往超出通常的预测。

的确，我们并未一一考察社会团体所支配的私法契约中关于不可预见的风险的一切假设，我们只想指出一个研究方向。这种在假设中穷源溯流的围猎式追踪研究，也许将会发现，场地太狭窄，猎物并不多。恳请大家深思：法律领域这个曾经被人们习惯地看作适宜于契约交换的平静大市场，如今变成了喧闹打斗的大戏
146 台；好像是各种制度互相冲撞，形成了强大的推动力，进而促成了这种局面。

是的，法律领域确实在发生变革，各种制度的束缚确实日益繁多。当此际，探索一下处境欠佳的契约问题，毕竟不是个坏主意。

第三章　法律治理与法律实体[①]

——评阿尔·萨努里的《英国判例中契约对个人工作自由的限制》,评里昂比较法研究所的成果

里昂比较法研究所发表的观点从一开始就很重要,以致必须修正法学研究的某些基本观念。我们认为,他们是赞成由来已久的法律治理(police juridique)和法律实体(fond du droit)二元论观点的;他们的创新之处主要是使这种传统区分变得明朗起来。如果法律治理的单独存在确实是有益的,那么,它自身必定有一些专门特征,从而不至于被归并到法律规则中去。

里昂比较法研究所的论著向法律治理所固有的专门特征投下一缕强光,使之彰显于世,这便是它的标准(standard)和指令(directive)。

使这些专门特征得以彰显,乃是对盎格鲁-撒克逊判例和罗马-拉丁判例进行对比研究的结果。这是世界上影响最大的两个法律体系,它们在法律治理和法律的实施方面的分歧,必然使意想

① 摘自《民法季刊》,1926年。

不到的事物变得突出。爱德华·朗贝尔有勇气展开这种非凡的对比研究，顺利地引导他的研究所从一入手就直抵从业限制[1]这一
148 新课题，运用现场观察的方法，从实践着眼，掌握了法律治理的工作方式。

朗贝尔具有科学研究的真正天赋，也就是说，认准方向，稳扎稳打，方法灵活且富于想象力。凭借科研指导方针的魅力，在他周围凝聚并保持住了一个卓越的团队，勒内·奥菲、阿尔弗雷德·布劳恩、艾尔·阿拉比、法夫尔-吉利、瓦赛曼、阿尔·萨努里等人都是他的研究所印行之丛书最初几卷的作者。

标准和指令作为同法律规则相竞争的法律形式，是阿尔·萨努里从亲身实地调研中提炼出来的概念，一开始就风靡里昂比较法研究所，朗贝尔曾多次扼要、隐约地谈到这一点（见他给卡皮坦特的《精英》、乔治·科尼尔的《私法》以及给《苏联法典的法语翻译》所作的序）。艾尔·阿拉比、法夫尔-吉利和瓦赛曼发表在不同时期的著作，也都提到这些概念。

我们将紧紧围绕阿尔·萨努里在其杰作中全面阐释的这种中心概念展开叙述，以便指出它的后续发展；这样做的时候是令人真正满怀喜悦的，因为我们能够从中领会到深刻的真理。

我们打算分下述几点进行研究：

1. 阿尔·萨努里的标准—指令与法律规则二元论；

2. 与行政法和普通法的对立相关联的二元论；

3. 这种二元论对整个人为法体系的意义。

---

① 此处原文系英文“restraits of trade”。——译者

一、阿尔・萨努里的标准—指令与法律规则二元论

阿尔・萨努里从商业资产转让和员工雇佣合同两个领域，研究了从业限制即契约对个人工作自由的限制问题。这两种契约都 149
力图保护企业或企业产权免遭竞争风险。收买了原企业客户的商业资产买主，自然要用契约禁止卖主在同一座城市或同一个街区开办同类新商店，至少要在一定的时期内予以禁止。雇主雇用了员工，担心后者在熟悉了工商业秘密(核心知识)之后，自己去开办竞争性企业。因此，商业资产出售契约和员工雇佣合同，都有一些限制工作自由的条款，要么限制卖主的自由，要么限制员工的自由。这两种限制都对企业有利，一般是有利于资方；不过，只有在员工的自由受到束缚时才会发生劳资冲突。

契约对工作自由的这些限制在现代盎格鲁-撒克逊法律中具有重大意义。这首先归因于英美工商业的超常发展；其次归因于昔日普通法太把工作自由和缔约自由神圣化。如果不冲破工作自由和缔约自由之间的夹角瓶颈，工厂、商行之类的资本主义企业就建立不起来。为了保证企业持续发展，上述每种情况下，均需在相互矛盾的两种陈旧的绝对规则之间，寻找一个适当的平衡点。

（一）正是在法律规则的冲突中，企业这种新生事物逐步发展，渴望成为持续存在的团体；而这种冲突却不可能依靠英国判例
中已有的任何普通法规则本身获得解决。情况明摆着，轮到采用 150
标准这种方式来产生指令了。阿尔・萨努里在其书中第 38 页等处，就对法律规则和标准—指令进行了对比。

法律规则是针对预想的各种情况作出的明确规定，以高屋建瓴之势严格约束着法官的权限，如同法律规则对行政官员的约束。的确，通过类比推理，法律规则体系的适用范围可能由此事扩及彼事，但总是相当刻板。而且，鉴于法律规则具有很大的普遍性，便可达到某种超然物外的公正性，绝少个人色彩，难以适应各种特殊情况。法律规则体系是原封不动的，当它是由源自该体系本身的一般原则所构成以及被系统编纂为法典时，尤其会保持原样，从而体现着法律的稳定性。

相反，标准是用以指导法官和行政官员的，在法律的执行过程中给他们一定的自由裁量权。法官或行政官员一旦有了自由裁量权，往往就自己制订标准或指令。其实，标准不是就某种假设情况而制订的明确准则，而是对裁判某类冲突规定一般权限，要求工作人员必须采取某些方法。法国就是如此。遵照 1922 年 3 月 31 日关于房租提价期限延长的法令，每个法官都得自己制定一个标准，亦即一种方法，以便计算涨价金额。有人可能会说，标准不过是每次执行任务前凭直觉一下子提出来的某种原则，因而，它同从已有的整个法律规则体系中演绎出来的普遍原则完全相反。而且，标准是在遇到特殊情况时全凭经验构思而成的，法官或行政官员可以轻易加以改变；他们会反复尝试，力图使标准臻于完善。标准的这种个体化特征，更适合于行政权，而不大适合于司
151 法权。由此产生的结果是，灵活而多变的标准恰恰体现着法的流动性特征。

行文至此，该给标准和指令下一个略为精当的定义了。萨努里在一定程度上混淆了这两个概念。他力图把盎格鲁-撒克逊语

的“standard”（标准、规范）一词，翻译成法语的“directive”（指示、指令、行动方针）；同时，他又提醒人们注意，“directive”并不能表达“standard”一词的全部含义。我对萨努里书中全部资料的反复思考，以及我在研究《判例汇编》中法国行政法院1925年7月17日关于法兰西银行职员协会案的庭讯记录时对“directive”概念的探索，都使我认为，尽管标准（standard）与指令（directive）这两个因素相互关联，还是将二者区分开来为好。正是标准允许有关人员作出指令，不应把标准同指令混为一谈。

标准乃是一种方法、方式，类似于工具、器械，让船长能够确定船只所处的经纬度交叉点，然后推断出应当继续遵循的航线。而寻找具体应走的航线，即是指令（directive）的任务。若要认准航线，使之畅通，必须知悉船在何处，掌握有关船只方位的各种数据。

为了将解决问题的各种材料准备、安排得井然有序，人们找到了一种合乎法律形式的方法，这便是标准（standard）。数学家要想把算题的各种数据准确无误地列成算式，必须有一些标准即方法。法官和行政官员在解决权利问题时也是如此。他们为了稳妥地掌握相关问题的一切因素，并使它们之间建立某种适当的平衡，需要有某些方法即标准。

下面我们将遇到盎格鲁-撒克逊判例中一种最重要的标准（Standard），即合理性标准。总地来说，它是一种方法。契约案件看似仅仅争取平衡缔约双方的利益关系，合理性标准却提醒人们顾及第三方的利益，即顾及业已实际存在且有利于社会的企业的
利益。比如，不能让其中一方受到损害，而必须使三者之间保持平 152
衡状态。

指令则是解决问题的办法。一个握有自由裁量权的人，在制定了标准之后，就该用恰当的办法指导人们去解决问题了。

在法兰西银行职员协会案中，银行当局跟包括一部分雇员在内的、威胁要打破等级制度的工会相对峙。面对此情此景，当局首先仔细摸清了问题的方方面面，认为应当尊重工会的自由，而银行雇员并不是公职人员；应当尊重各级公职人员的权利，也得维护银行机构的存在，因为工会的活动可能使人觉得银行处在危险之中。就这样，运用合理性标准，弄清了上述三种因素的情况，由此产生了解决问题的指令，亦即银行当局作出的如下决定：“兹规定，加入工会者无权晋升职务。”于是，各种权利尽皆保留无损，工会仍有完全的自由。但人们必须记住，晋升职务还是加入工会，全由自己选择。雇员没有什么晋级权，不过，当局也精心给他们安排了一种选择权：如果他们希望进入体制之内，那就只能脱离工会。当然，各级公职人员的权利和企业的利益同样得到了维护。

这种“指令”正是法律规则的胚芽，因为它在“解决办法”的指引下，解决了实际问题，也就是说，晋升和加入工会不可兼得。

但是，它毕竟仅仅是法律规则的胚芽，而不是完全的法律规则，因为它所努力建立的法律状况，并不像基于真正法律规则的状况那么稳定。就其性质而言，法律规则是持久不变的，建立在法律规则之上的状况正是源于它的这种不变性。法律不溯及既往原则
153 是对这种不变性的一种尊重，哪怕法律业经修改。相反，大多数指令建立在某个权力机构所做判例的基础上，自会随着这种判例的改变而改变；因此之故，建立在指令基础上的法律状况便沾上了不稳定的瑕疵。

在诸多标准中，合理性标准和适时性标准最为常见。英国判例将其运用在限制工作自由的契约案件中，以衡量、区分限制得是否恰当。

合理性标准意味着，法官可以当庭确定当事双方经济上的平衡，并将此平衡与公共秩序或公共政策的利益相结合。建立这种半是经济、半是政治的三方平衡，要求法官拥有专业能力，因为这种平衡必须建立在具体案情的基础上（这要符合正常的大众社会行为水平；这种行为取决于通行的公民道德观念或商业道德观念，而不可能用法定的逻辑方法加以规定）（参见《庞德文集》，第 30 页）。

适时性标准[①]针对的是当事人要求增加限制条件的谨慎行为，这种限制条件应当因时因地而作出或多或少的变化。

在这一领域，存在许多权力的自我限制。合理性要求是用情理、理智来限制法官的权力；适时性则要求行使权力时应讲究适中、中庸。缔结契约时，订约者万勿滥用客观情势赋予自己的支配缔约法则[②]的权力。订约者本人必须像法官那样，也有自己的行为标准（standard）。确实，我们将会看到，不仅在法官的判例中，而且在现实生活中，人们都会发现一些标准（standards）和指令（directives），因为这是在各种行为中权力自我限制的方法。

（二）尽管标准和指令是对自由裁量权的自我限制，它们仍然属于法律范畴。

阿尔·萨努里的书中自第 150 页起，在“合理性问题的本 154

① 作者在此加一小括号，内引英文词“expediency”。——译者

② 此处原文系拉丁文“*lex contractus*”。——译者

质，以法律为准还是以事实为准”的标题下，仔细考察了这个最重要的问题。英国判例一向从法律角度看问题，由法官，而不是由陪审员，宣判契约中的限制措施是否合理。法官通过反复适用某一规则，使之保持一定的稳定性，并从中总结出某些初步的处理方式。英国始终一贯地将合理性问题交由法官掌握，渐渐形成了一种协调、灵活而富于生机的法理。在1913年的马松案中，大法官哈丹是这样表述这一法理的：“法院从来将限制措施的问题视为一个法律问题，必须依据既定的法律标准作出裁决。”

而在法国，区分法律和事实乃是最高法院的职权。毫无疑问，上诉法院内负责认定涉案事实和审查法律适用情况的法官，势必运用诸多标准和指令进行区分。如果法国最高法院拥有英国最高法院那么大的权限，也可以将那些标准和指令加以整理，使之统一化，统统纳入法律范畴。但是，法国最高法院只管辖是否违反法律的事务，因而，只监督对狭义法律规则的适用情况，不得不让上诉法院来全权处理标准和指令。不然的话，就得有人使标准和指令附属于真正的法律规则。而在最高法院看来，那就构成了弄虚作假的事实问题。

行政法方面倒不这样。法国最高行政法院放宽了法律的概念，将标准也视为法律。所以，在处理不可预见的风险问题时，它对省政府要求损失赔偿评估专家采取的方法也进行监督（见行政法院1922年6月23日关于莫尔莱煤气公司案的裁定）。既然如此，我们将重新审视下一节所说的问题，因为行政法中大部分是标准和指令。

（三）其实，法律规则和标准—指令各有其适用范围。 155

按照萨努里的意见，保障法律关系安全和基本自由的所有法律，都必须十分稳定，因此，相关权力必须受到其外部法律规则的约束。他列举了此类法律："据以确定犯罪而不是据以量刑的刑法；有关汇票和期票之类的诉讼法和商法；有关物权、实物担保等财产制度以及有关婚姻、亲子关系、财产继承、夫妻财产制度等的民法。"请注意，正是这些静态要素组成了一个国家的社会制度。

法律中所有那些需要可变性、灵活性和适应性的部分，便是标准—指令的适用范围，那势必牺牲某些稳定性，给法官和行政官员以必要的裁量自由，让他们在其权限内按照内部标准和指令办理。

在私法领域，伴随着工业时代的来临，现在的一切，诸如劳资关系，员工与资方的合作，公司，托拉斯和卡特尔，雇工合同以及各种各样的工业立法，都处在动荡、变革之中。这引起社会团体的强力反弹，并由此产生了一些规章制度。只要相关的法律规则或惯例尚未出台，那么，立法机关在面对此类问题时还得按指令办理。刚才谈的都是商业方面的例证；至于公法，尤其是行政法，其中的标准—指令比比皆是，我们理应在下一节予以考察。

（四）萨努里在其著作第63和65页，审视并驳斥了别人可能对标准和指令提出的异议。我们不再跟他一起进行这一讨论。 156

他已经确信，这一讨论应该停止。因为他发现了一个相当特殊的现象，也就是说，标准和指令只产生于极端文明的时代；而且，他认为，这种标准和指令优于法律规则。我们应当重新考虑历史问题，重新作出价值判断。不过，我们可以立即声明，同意朗贝尔在其序言中表达的意见：我们觉得，采用标准和指令这种方式方法，似乎在任何时期、任何时代都有，只是有多有少而已；它们在法律中所占比重很大，而地位却比法律规则要低。这就是为什么，它们在法律规则面前总是退避三舍。而当文明的持续发展导致了社会政治危机，激起某些骤然变化时，又会促使标准和指令再次出现在先前受法律规则支配的领域，因为新生事物至少暂时需要得到新的标准和指令的扶助，英国的从业限制即是一例。所以，标准和指令作为一种执法方式，跟法律规则本身是同样必要的，是对法律规则的辅助，且预先为法律规则的制订做了准备，其妥当性无须证明。无论标准和指令多么不完善，它们也是必要的，其必要性已为全部法制史所证明。

（五）现在，将对英国使用标准处理从业限制的判例进行探究的心得，作一个简短的叙述，无疑是饶有趣味且极富教育意义的。阿尔·萨努里将其分为四个阶段，仔细研究了它的沿革。

1. 直至18世纪，英国严格实施普通法[1]规则，绝对禁止契约对工作自由实行任何限制。

2. 自18世纪初起［参见米切尔·C.雷诺（*Mitchel C. Reynold*）案］，开始区分完全无效的限制和在一定条件下可能有益的部分限制。这里的一定条件是指：因时因地而制宜；具有可以评估的理由，即受到限制者获得相应的金钱补偿；最后，限制
157 条件或称保留意见是合理的，也就是说，必须同时有利于缔约各方

[1] 此处“普通法”原文系英文“Common law”。——译者

和公共政策[①]。这时，部分限制的标准本身就成了适应性[②]标准，且伴随着两个“准指令”，一个是可以评估的理由，一个是合乎理性。

3. 1893年，在诺登费尔特案中，标准变换，合理性准指令变成了合理性标准。缔约双方的经济利益须调整到与公共政策相平衡，而且，这种调整变成了一项重大任务。在这里，公共政策压倒一切，且与保护现有企业混为一谈。只要一种垄断经营权对公众无害，那就宁可保护一个确定的企业，而不再保护个人自由。

在这种情况下，容许企业为了自保而用契约限制竞争自由。即便如此，垄断企业仍然有所忧虑，不过，这种忧虑终被下述想法所抵消：公众满足于每个人还保持着缔约自由，且可从自己所在的企业中获得最大的好处。于是，不同意见就化解了。

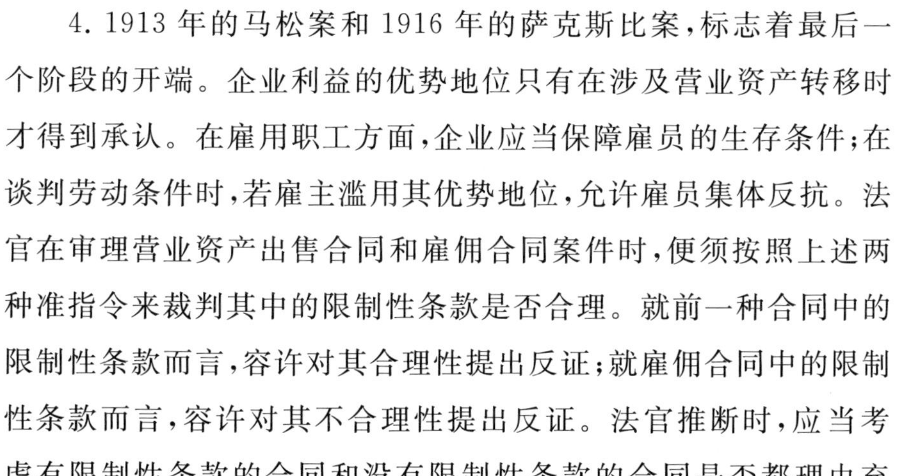

4. 1913年的马松案和1916年的萨克斯比案，标志着最后一个阶段的开端。企业利益的优势地位只有在涉及营业资产转移时才得到承认。在雇用职工方面，企业应当保障雇员的生存条件；在谈判劳动条件时，若雇主滥用其优势地位，允许雇员集体反抗。法官在审理营业资产出售合同和雇佣合同案件时，便须按照上述两种准指令来裁判其中的限制性条款是否合理。就前一种合同中的限制性条款而言，容许对其合理性提出反证；就雇佣合同中的限制性条款而言，容许对其不合理性提出反证。法官推断时，应当考 158
虑有限制性条款的合同和没有限制性条款的合同是否都理由充

① 此处“公共政策”原文系英文“public policy”。——译者

② 此处“适应性”原文系英文“expediency”。——译者

足。雇佣合同中的限制性条款是否有效，须视其是否符合通行惯例而定。这样办理是与商业秘密不可分割的严格概念相反的，也是与把商业秘密区分为“客观知识”和“主观知识”的昔日做法相反的。

二、同行政法和普通法的对立相关联的法律治理和法律实体二元论

用标准和指令进行合法治理，这在公法中要比私法中多得多；至少在法国的法制体系中，民事法官的权限是很小很窄的。

我们不会去探索有人在国际公法和宪法中发现的相关迹象。我们的研究空间很有限，仅仅考察行政法以及它和普通法的关系。我们会超出萨努里著作的范围，该书局限于特定的英国判例；但我们不会超出他的观点，他无疑会乐于看到其观点的广泛传播。

行政法内容丰富，既包括许多指令，又包括法律规则，与普通法接近而又不同。由于会连续探讨法律治理与法律实体之间的平行关系，不仅要将行政法与普通法进行比较，而且将对行政法中的各个方面进行比较，因此，这一研究是十分吸引人的。

在像法国一样建立了强有力行政管理体制的国家，行政法似乎都是与民法分开的，以便吸纳过去的行政法所包含的那些法律治理标准和指令，而民法中只剩下了结构严谨的法律实体。这一
159 沿革趋势已由爱德华·朗贝尔及其合作者强调指出（参见萨努里著作第 59 页等；瓦赛曼：《美国联邦贸易委员会的任务》，朗贝尔的序及其文集；艾尔·阿拉比：《征募中立者》，第 217 页）；后来，哈佛

大学法学院院长罗斯科·庞德[①]在其论述法律的行政实施问题时也谈到过这一趋势。

行政法的现状和行政法形成的历史都证明，上述沿革趋势可能是确定不移的。

（一）法国行政法的现状是，十分重视使用标准和指令，这从下面几点可以看出：一是在任何行政活动中都经常使用有执行力的行政决定；二是上述方式有时会引起争议，尤其会对滥用职权提起诉讼；三是行政事务本身非常繁杂，既要运用标准和指令进行治安管理，又要利用标准和指令开展各种各样的征用工作；人们可能以为这些征用只是管理公共服务的手段而勉强表示同意。

1. 行政机关的特点是按规定办事，而不像司法机关那样只在法庭上提出诉求。行政机关满足于用有执行力的决定来主动作为。

这种行为方式的特征是法律与事实相分离，也就是说，行政机关总是首先用一个有执行力的决定，来确定自己有权开展某项活动；而且，开展任何活动之前均须作出一个有执行力的决定。但是，有权作出此类决定的行政机关相对较少，而执行决定的人员却很多。能作出有执行力的决定这件事本身，就是在行使一种程序特权。因为，这种决定确认了行政机关的权力，强制人们执行，如同已获得法官的认可一般。从这个意义上说，有执行力的决定也

① 罗斯科·庞德（Roscoe Pound，1870—1964），美国法学家、植物学家，美国“社会学法学”的主要倡导者，1916—1936 年任哈佛大学法学院院长。曾在中国台湾协助改革司法制度。——译者

是法源，尤其是指示的来源。因为，行政机关几乎总是声明，纯粹是为了这样那样的公共利益或公共服务而作出此类决定的。毫无
160 疑问，这种声明就意味着将要作出的指示都是涉及公益或公务的。

因此，那些关于征用私人财产的有执行力的决定，都声称是为了公共利益，其中隐含的意思是：征用土地完全是合理合法的。如果行政机关总是在为了公共利益的口号下采取新的指令，最高行政法院也不认为其中有滥用权力的问题，那么，公共利益的概念本身就可能向社会利益演变。

市政当局对宗教性户外重大活动的治安管理，可能或多或少都要遵守某些世俗的指令，并将其解释为维护公共秩序。其实，大多数行政决定，包括拒绝批准某些互助社团的章程，均采用世俗的指令这种办法。某些社会主义的指令也会在市镇议会中受到审议。当然，这只是挑拣出来的极端事例。指令总是很自然地产生于有执行力的决定之中，以致政权更迭时对越权行为的救济往往只是针对行政机关的那些指令，这是有目共睹的事实。我们下面就要指出这一点。

在着手考察越权之诉以前，我们先请读者注意：有执行力的决定本身就会造成一种可抗辩一切的法律状况。倘若这种状况中也实行了一些指令，而且，这些指令容易辨别地被载入行政通令，从而成了一种法律要素，那么，这些指令的效力只能在该项活动终止以后才会消失。这种法律状况大概就是古罗马法学家指称的大陆帝国[①]的法制状况：仅仅由行政权予以维系，带有暂时性、不确定性

① 此处原文系拉丁文“*imperio continentia*”。——译者

的缺陷。尽管如此，若干巨量投资的重大企业在这种特殊法律状况下冒险经营，依旧生产旺盛。尤其是，在1925年2月27日法律颁施前，法国最高行政法院还曾作出判例，竭力强化这种法律状况，使那些获得公共道路普通占用证、拥有稳定的供电网络的公司 161
受益匪浅。

2. 现在，我们研究一下，在对有执行力决定所提起的诉讼中，行政法官与行政机关所持的对立态度。在关于权限、关于决定无效和越权的争讼中，同样存在着双方的对立，在越权之诉中尤其如此。

在审视行政法官在越权之诉中所遵循的指令以前，理应按照常规，将受理条件和实际审理作出区分。

(1) 受理或拒绝受理越权之诉，跟案件的性质以及形式、时限有关，也跟申诉人的身份以及同一案件是否正在其他渠道进行着上诉有关。我们在此仅限于研究在后两种情况下法官拒绝受理的理由，虽然我们对法官在前两种情况下的态度也很感兴趣。这样做就得区分政府行为和行政行为；或许还得考查最高行政法院所采取的指令，而它是不对有裁量权的行为分类的。

法国最高行政法院对欠缺原告资格者之起诉的拒绝受理，彰显了它的两个极端重要的立案指令：一是原告可以提请法官保护的必要利益，不一定是源自早先某一既得权的利益；只要这是一种由行政机关本身造成的法律状况中产生的合理利益即可，哪怕这一利益是暂时的。二是一场政治活动或选举活动有可能并不妨碍原告利用诉讼来求取利益，税务诉讼即是如此。依据上述两个指令，最高行政法院曾将诉讼救济的范围局限于越权行为，而不包括私法行为和政治行为。行政行为不同于民众活动[①],而是一种涉及所有行政利益的广泛活动。

162 拒绝受理正在其他渠道进行中的救济,这又涉及最高行政法院长期实行的那个立案指令,我曾经称之为该院的一项"裁判政策"。这样做,纯粹是为了在诉讼或抗辩的所有既存渠道中,专门给越权之诉开辟一条通路,而不至于让人指责行政法院沉溺于提审。

原告很有可能利用普通的法律手段取得满意的结果。人们至今还不承认,对越权行为提起诉讼只是一种补救措施。也就是说,当原告意欲使损害他的有执行力之行政决定无效,除了向法国行政法院提起越权之诉以外,再也找不到任何其他可以立即达到同一结果的法律途径时,行政法院才受理其越权之诉。

这就把越权之诉完全置于法律治理之下,并被当作解决紧急问题、克服执行程序威胁的一种紧急审理程序,且对法律实体丝毫无损。只有一点令人遗憾:从来也没有从程序上采取措施,以便保证在短时间内对诉讼作出判决。由于此类案件要在三个月内进行审判,致使行政机关总是拖延管理活动的开展,枯等这种先决诉讼的裁断。

(2) 越权之诉的情况有四种,即无管辖权、形式错误、违反法律和滥用职权。这四种情况在指令中尽皆屡见不鲜,滥用职权尤为普遍,我们在此仅仅对它进行探讨;而且,它们之间还互相竞争,其实质是法律规则与指令之间的斗争。

① 对滥用职权的诉讼中,针对指令的案件很多。这种情况可

---

① 此处原文系拉丁文"*actio popularis*",民众活动。——译者

能使人把无管辖权问题[1]与滥用职权等量齐观。行政机关若对某个问题无管辖权而硬性推动，便免不了诱发质疑：行政活动侵犯私 163
人生活究竟会达到什么地步。这是国家干预主义或公共服务市镇化所造成的问题。对此，最高行政法院一直采取十分谨慎的态度，只有为了治安管理的紧急需要，且私法性质的举措明显无力时，才准许行政机关越权行事。正是出于此种考虑，在那些没有任何医生肯于自发前往开办私人诊所的地区，最高行政法院允许那里的市镇设立公益医疗机构，免费为全体当地居民服务。那些廉价的公共浴室也享受此种优待。

行政法院关于滥用职权的判例不过是指令违法的某种展现。对此，人们不必感到吃惊。试想，法官总得审视有执行力决定的产生理由，这些理由恰恰凸显了行政机关作出该决定时所遵循的指令。这自然又导致法官用自己的指令去抗衡行政官员的指令。行政法院在宣布撤销一个行政决定时，其格式化的公文用语是："制定文件者为了达到某一目的而行使其权力，而其所持理由却有别于当初赋予其该项权力的理由。"这里没有说什么无管辖权、形式错误或违反法律等问题，只是说具体指令错误。

最高行政法院特别在治安管理方面向行政机关下达了指令。比如，它提出了下述原则：市镇不得为了保证自己的金钱收入、不得为了抬高市镇与市镇之间的关税壁垒而动用市镇警察；在信教群众公开举行列队宗教仪式或盛大集会时，只要大街上的公共秩序尚未受到严重威胁，市镇也不得为了世俗的目的而动用警察来

---

① 此处原文为拉丁文"*ratione materiœ*"。——译者

侵害宗教活动的自由。

在上述宗教问题中，我们发现了权力与自由之间的平衡原则；这又让人想起了合理性标准所显示的利益平衡原则：“鉴于市镇长
164 负责管理交通运输，维护公共秩序，他在行使这一权力时必须适度尊重1905年12月9日法令第一条以及其他法律所保障的宗教活动自由。”况且，由于宗教自由被视为基本自由，所以，最高行政法院将对这一自由的限制区分为全部限制和部分限制两种；我们上文所考察之英国判例中的从业限制也是如此区分的。最高行政法院废除了禁止任何公开宗教集会的决定，因为不能认为送殡队伍之类的宗教仪式会扰乱公共秩序。至于部分禁止，诸如是否禁止在大街上排成一条龙的宗教仪式，最高行政法院采取了具体情况具体分析的态度，准许基层市镇上的宗教仪式酌情按照传统办理。

根据同样的权力与自由应当协调平衡的观念，对于公共卫生管理，最高行政法院认为，治安条例多是规定地产和房舍的物主应将清洁卫生保持到何等程度；只要法律条文没有授权警察限定打扫卫生的手段，就得让物主自由选择方法。

警察不得对企业厚此薄彼；换言之，不应通过治安措施来创设垄断专营权。在此，我们又碰到了上文所述英国在限制从业自由时的审慎考虑。实际上，某些垄断企业如果不能靠治安规定而建立，也可通过行政契约而设置，市镇照明服务的特许经营契约即是明证。差别在于，契约中明确规定城市得利，公共利益有了保障。公众以较高的价格购得煤气，但也可能少纳税。一句话，事情只能如此。而在依据治安措施建立的垄断专营中，没有任何业务是专为对公众有利而开展的。

② 我们上文业已阐明，在允许提起越权之诉的几个理由之间，存在着一种竞争；而此竞争不过是法律规则与标准—指令之间 165
展开斗争的一个插曲。这种竞争乃是由第二帝国[①]时期最高行政法院的太过轻率造成的。当时，最高行政法院允许昔日对违反法律、侵犯既得权益的起诉享受越权之诉的简便程序，非常简单地将那种违法、侵权之诉合并到越权之诉以内，使之成了提起越权之诉的第四种理由。

这一合并势必诱发越权之诉制度的深刻动荡，以致到半个世纪以后的今日仍未恢复平静。我无须赘述最初产生的程序困难，也不多谈由于受理第四种诉讼与受理前三种诉讼的条件不同而产生的困难。好在这些困难已在1906年以后逐步获得解决。“既得权益”这个起诉条件已被最高行政法院排除。现在，只要有普通利益受到损害，哪怕受损利益并非源自既得权，也完全可以像对无管辖权、形式错误和滥用职权那样提起诉讼。

但是，这种诉讼程序的统一，是通过扩大对违反法律行为的起诉范围表现出来的。侵犯既得权这个起诉条件确实没有了，“违反法律”却被理解为违反行政管理所必须遵守的一切普通性规则，甚至包括条例。而法律和条例都浩如烟海，稍微越出权限就会冲撞什么法律条文，就可能被视为违反法律。如此处事，过于简单，势必使“违反法律”之诉吸收另外三个起诉理由。而且，越权行为势

① 第二帝国(Second Empire)存在于1851年至1870年。法国历史上首位总统路易·拿破仑·波拿巴，通过政变而称帝，是为拿破仑三世。1870年普法交战，他在色当战败后于9月2日被俘，巴黎继之爆发革命，帝国倾覆。——译者

必被混同于违法行为；客观法学派尤其会见缝插针，疾速跨过二者之间这一步之遥的界限。该学派很快在这一演化中看到良机，抽
166 出越权之诉中与违法接近的内容，将其当作行政行为违反法律的一种普通的“法律上无效”。

然而，越权之诉与上述趋同现象实际上格格不入，很难与违法之诉相混淆。这是因为，从定义本身看，另外三种起诉理由中没有任何一种可用以支持越权之诉。现在，行政诉讼主要集中在两点：一是违法。这反映了法律的至上地位，体现了外部权力对行政权的监督，此即所谓异体制约。二是越权。这是行政权自我限制旧原则的延续。行政机关以为自己违反的不是既定法律，只是违反了实现良好治理的普遍性指令。在上述两点之间，必然存在着法律实体和法律治理之间的较量和斗争。在违法之诉日渐增多的情况下，法律实体显示出巨大的优势，并从日渐稳定的法律治理方针中汲取着营养。这也符合发展趋势。行政机关根据新情况、新问题，以其灵活机动的指令，重新构筑着自己法律治理的基础。这就是为什么越权之诉总是带有传统性质，因为它使法官的监督深入到变动不居的领域，亦即深入探析作出各种行政决定的背景和理由；在那种领域，是不可能严格执行预先制定的法律的。

3. 不应认为，行政法中的方针仅仅在作出有执行力的决定时或在要求废除行政决定的诉讼中才会出现；实际上，在一切方面，甚至在拥有完全管辖权的活动中，都会使用指令。但是，我们这里不可能面面俱到，只能提请读者注意若干异常有名而又很能说明问题的案例。

① 我们首先考察向公立公益机构赠与或遗赠财产的特别规

则。众所周知，根据《民法典》第 910 和 937 条，只有接受方事先获 167
得政府的批准，这种无偿赠与方始有效。

然而，《民法典》的编纂者们不可能预见到，本来作为咨询机构的行政法院[1]，被赋予了起草法令的权责，它采纳了很有争议的指令作为特别规则，也就是说，只要无偿捐赠不会使公立公益机构丧失其原先严格规定的特殊功能，即可接受。编纂者们尤其不可能预见到，行政法院后来居然允许济贫所之类的非公立机构接受无偿捐赠，条件是施舍给教会的济贫工场。而过去，行政法院是不准此类机构接受无偿捐赠的。

这一随意性指令从来也没有变成民事法庭所遵循的法律规则。受理相关案件的民事法庭，通常都反对行政管理恣意而为，而不想使自己在公立公益机构接受无偿赠与方面变得束手无策。民事法庭尤其不承认非公立机构接受无偿赠与的正当性。但是，实践中仍然不折不扣地执行着上述指令，因为行政机关有权采取各种手段，确保该指令的贯彻落实。若无行政机关的批准，救济性教会工场是不大可能获得捐赠的；而济贫所本身却拥有行政机关颁发的许可证。毫无疑问，捐赠人或其继承人有权要求撤消赠与决定，但行政机关往往千方百计，施加压力，足以使他们三缄其口或改变受益人；或者，行政机关只是暂避一时，伺机再办。这种特别规则在整个 19 世纪畅行无阻，维持着仅仅由行政机关造成的法律

① 原文为“Conseil d’État”，这是法国的最高国家机构之一，由来已久，职能数变。1800 年的共和八年宪法规定，“Conseil d’État”为四个立法机构之一，负责草拟法案，接受政府咨询，中文一般译为“参政院”。到法兰西第三共和国时期，即从 1875 年宪法之后，“Conseil d’État”渐成最高司法机关之一，中文通译为“最高行政法院”。——译者

168 状况；它是反对教会财产的一种斗争武器，也是指令大行其道的一个明证，尽管这种指令只是行政管理过程中的实际做法而不是行政法庭的断案依据[参见米舒特(Michoud)、特罗塔巴(Trotabas)，《法人理论》，第二版，第二卷，第 182 页等]。

② 权限争议法庭和法国行政法院所建立的关于国家行政机关公务行为的责任和公务人员个人行为的责任的法学理论，又是指令大行其道的另一个明证。该理论实际上是一个复杂集群，涵盖各种指令，其中一些指令直接是为了将行政责任案件尽可能多地留给行政法院管辖，这一目的显然建立在三权分立的基础上；另一些指令则等而下之，只是确定行政机关的公务行为和公务人员的个人行为是否值得认真对待，是否属于前所未见的新现象。

我们并不仅仅留心那些著名的关于管辖权限的指令。尽人皆知，由于 1870 年 9 月 19 日的法令似乎授权普通法院来裁判一个公务人员在履行行政职务过程中的责任，权限争议法庭便在 1873 年 7 月 26 日的佩尔蒂埃判决中拒绝适用该法令。该法庭在此判决中对该法令的解释，与最高法院在 1872 年 6 月 3 日梅耶尔判决和最高行政法院在 1871 年 5 月 7 日古蒙和斯托夫雷判决中对它的明确解释正好相反。而若权限争议法庭的解释成为普通法律，则其指令就有了凌驾于三权分立原则之上的宪法性意味。由此，权限争议法庭总想使一项制度获得成功，力求让任何一家受理了起诉公务员案件的普通法院，可能依据一个权限争议裁定，移交出行政性行为所引发的讼案。

不过，普通法院并不认为自己应受这一指令的约束。它们一旦受理了案件，就想予以审理，除非它们自己内部因发生争议而止

步。但是，每当行政机关提出异议时，权限争议法庭的指令就会占 169
优势。

上述指令的确鲜为人知，但却是一种真正的次要指令。最高行政法院便是据此区分公务行为和个人行为的。作此区分的主要目的在于，一个公务人员的行为若引起责任争议，凡在履行公务过程中的作为，应由行政法院管辖；凡完全在公务以外的作为，则应由普通法院管辖。这样，最初旨在解决权限问题的次要指令，却在客观情况的推动下向解决实质问题发展。

的确，行政机关曾经以其公务人员仅仅犯了公务过失为借口，为之开脱罪责，使之免遭个人追究，其结果无疑很不公正：业已造成的损害在行政机关找不到任何责任人，得不到任何赔偿。不过，情况很快好转，国家行政机关应对其公务行为所造成的直接后果承担责任的观念渐成共识。此类责任案件皆归行政法院管辖，进行实质审理。至此，公务行为变成了一种必须遵纪守法的行为，指令的演变也十分引人瞩目。

在普通法中，过失责任被当作准犯罪处理。不过，这已不再是公务员的准犯罪，因为他们不受追究；这成了公务员所属机构的准犯罪。这包括各级公务员所在的机构、部门，包括符合规定的公务员团体，包括各级公务员的培训机构，甚至也包括公务员日常工作生活的单位。只要所犯过失从物质和心理上看，是发生在上述机构内，那就只能算作机构过失。但是，究其实，一个管理机构究竟是什么？它又如何履行行政法人的责任？答案是：按照团体法人
理论，一个管理机构，就是一个所谓“机关”。而所有法人实际上皆 170
由当权者组成的各个机关操纵一切。当法人与它的各个机关融为

一体时，它们的职责是完全一样的。行政机关的责任就是其部门的责任，不能因过失相同而与公务员个人的责任相累加。

据此，最高行政法院采取了非常令人信服的处事方针，审慎对待公务过失，建立了一种十分正确、统一的学说。最高行政法院完全从公务犯罪者的责任中排除了民法学者坚持的原则，而且逻辑上相当严谨。按照这一学说，团体法人的机关不是俯首听命的办事者，而是自觉总揽全局的当权者；有名的 1873 年 2 月 1 日布朗科和布朗什艾尔判决就体现了这种意思（参见 1924 年 5 月 24 日我做的评注，载判例汇编 1924.3.49）。

③ 第一次世界大战期间，兵荒马乱，煤价暴涨，致使公共服务提供者惶惶不安。当此际，行政法院所构建的不可预见理论，又给我们提供了一个指令大行其道的例证。这一指令现已尽人皆知，实际上只是到 1916 年 3 月 30 日作出关于波尔多燃气公司的判决时才昭然于世。这一案件的内容极其丰富，值得我们深入、细致地加以考察，其中有些做法可能还会受到指摘。我们只想考察最主要的行动方针，考察构成所谓不可预见理论的理由，因为这一理论的适用范围可能扩及民法契约。

行政法院的指令是不容置疑的，它显示在由某些团体支配的契约中；这些团体涉及公共利益，垄断照明或交通运输服务不得中断。行政法院一方面强令特许受权经营者必须尽职尽责，继续经营，一方面强令授予特许经营权的行政机关必须赔偿受权经营者超出原契约规定的额外损失。不过，这种损失要以某种比例由缔
171 约双方分摊。此外，最高行政法院当时真正使用了自由裁量权，将案件退回省级行政法院，并向省院下达正式公文，为之规定必须遵

循的方式、路线。这种公文制定了规则，提醒省院仔细计算应予赔偿的一切损失（见行政法院 1922 年 6 月 23 日关于摩莱斯燃气公司案的判决），促使缔约双方签订新的契约，等等。

行政法院的指令是：凡由公共服务机构支配的契约均不是普通契约，契约的目的都是为了确保公共服务正常提供，缔约各方的意志必须以它的正常提供为转移。这里，我们不去探讨这一理论主张是否可以拓展适用于由多个团体支配的民法契约；只打算证实，行政法院制定该方针并未考虑任何其他理由，因而，该理论不再扩大适用范围（参见 1926 年 1 月 15 日我发表在西班牙文《私法杂志》上的文章）。

（二）考察过行政法中的标准和指令之后，就该对行政法的异常丰富作些说明了；其丰富性是由它的形成历史造就的。行政法与民法的分离最终表现为法律治理与法律实体的分离。在 1789 年大革命以前的旧制度下，两者在司法判例中是交融混合的，在新制度下是壁垒分明的。当然，行政管理的专断体制远在 1789 年大革命以前就出现了。我们承认，仅用几页篇幅，不可能从历史进程这一特殊视角，阐明法国行政法的来龙去脉。但是，关键不是追溯历史，而是理解一个历史问题的背景。

任何一位行家都明了，法国的行政管理体制最初并不是与受到尊重的既存司法体制叠合建立在一起的，恰恰相反，它是中世纪地方长官和枢密院的行政管理活动逐步蚕食了一部分司法机构而
形成的。这种蚕食曾经激起法院的强烈抗议并最终引发了 18 世 172
纪的政治反叛。法国大革命期间，三权分立成为宪法原则，司法领域中被侵占的部分终于完全分离出来。而分离出来的部分正是最

高法院过去实行“法律治理”的领域。我们只须回忆一下大革命期间的有关情况就够了。当时,革命法令严禁各级法院干预任何行政事务,严禁法院传唤行政官员到庭或向他们下达任何禁令,而这一切都是昔日“法律治理”的做法。“法律治理”成了众矢之的。《民法典》第五条进一步规定,严禁法院以后再“根据笼统的条文和规章条例来审理提交给它的案件”,这就是说,预先禁止法院确定自己的审判方针。而且,众所周知,大革命期间司法权遭到压制,只剩下了诉讼裁判权。法院丧失了往日的免予起诉裁决权,或者说,丧失了与法律治理相一致的按标准、指令进行裁判的权力。

于是,人们往往饶有兴味地寻思:法国在法律治理和法律实体相分离的基础上实现了行政权与司法权的分立,为什么盎格鲁—撒克逊国家没有发生同样的情况?除了上文可能已经有所涉及、我们即将予以研究的政治原因之外,我们觉得,两个民族的历史命运不同也是两个重大的业务性原因。

1. 在英国,最高法院的管辖权很早就辐射到整个王国,适用法律全国统一;这种司法体制满足了国家统一的需要,人们无须再有别的企盼。法国则相反,在王国一再重建的过程中,事变频仍,局势动荡,历代国王政令不一,不可能建成独一无二的一所最高法
173 院;曾有十五六个区域性法院并立共存,它们往往站在地方主义、本位主义的立场上解释法律。人们认为,这样的司法体制不可能成功地统一适用法律;法兰西君主政权只能控制行政体制,枢密院的发展和监察官骑马巡行全国则为王政提供了掌控手段。这种沿革效果显著,行政权的概念逐渐形成。行政权作为国家治理权,担负着确保法律施行的任务,这势必导致行政权的自主独立和警察

局对法院的相对优势。

2. 另一方面，如果说普通法院逐步被剥夺的职权落入了地方行政长官之手，也就是变成了法律治理的职权。这样做的理由有两个。首先，这为采取规范行为所必需。无疑，王政时期的普通法院都有一定的职权，但却不合法，也很混乱，每有行动都得小心谨慎，必须预先进行某种治理整顿。其次，这为司法鉴定人履行专业职能所必需。进行技术鉴定不是那些仅仅接受过司法教育的法官所能胜任的。

随着时间的推移，经济的发展导致新的社会关系产生，而这种关系亟须由合法的行政治理来尽快加以组织。于是，司法人员所要完成的任务与其能力之间又出现了差距。这显然是一种能力危机，促使法院在其法官中培养行政人员。这就意味着，司法队伍没有能力适应某些新职责；而经过一定的时间，渐变定会转化为突变，从而产生新的司法体制。

这种沿革在法国发生于 17 世纪，在美国则发生于 20 世纪，这是瓦赛曼那部极有意义的著作《美国联邦贸易委员会的任务》告诉我们的（见《里昂比较法研究所丛书》第 13 卷）。为了执行《谢尔曼反托拉斯法》，亦即为了区分好坏两种托拉斯，单是高级法院采取 174
行动是不够的。根据 1914 年 9 月 26 日法令，美国建立了一个名为管理委员会的国家商业警察局。该委员会职能有二：一是充当搜集和发布信息的机关；二是充当经济案件审判机关，但没有普通法院的权限。这个委员会既是警察局，又是法院；其成员共五人，按照最高法院法官的同样条件加以任命。委员会下设若干厅局，吸收经济学家和法学家加入。它要进行调查研究，其中一些调研

几乎具有司法性质。虽然委员会有些审判权,却是依据行政决定行事。它只能向自己提起诉讼,而且只有个人才能提起诉讼。它经常发布一些命令,自以为是解决争端的判决;而它力所能及的主要权限乃是大规模宣传自己的决定。不过,它的决定只有被一个巡回法庭宣布有效时才获得执行力。这就跟州际商务委员会的决定大相径庭;后者本身即具有执行力,但可对它向法院提起诉讼。

美国的上述两个委员会皆为法律治理而建立,或者为了治理托拉斯垄断,或者为了治理州际商业关系。两会都是处在司法机关监督下的行政管理机构;之所以受到监督,是因为在盎格鲁-撒克逊各国,行政权尚未被承认为独立职权。两会是出于技术能力的原因而建立的。

技术能力问题同样关乎司法系统各类法官的素养。比如,私法领域现在就颇感危机。此事令人不安,以致最近在法国哲学学会展开了一场令人高兴的辩论(见 1924 年 12 月的会刊)。这场争辩是我的资深哲学家同事加斯东・莫兰引发的;哲学大家乔治・大卫作为经验丰富的法学家参与其中。我想,所有与会者都已欣
175 喜地了解了里昂比较法研究所的那些论著倾注在辩论中的决定性观点。人们将会从中看到,当前的私法危机并不是什么未曾发表过的新东西,而是周期性发生的现象,与私法基础的动摇无关,而与某些情况的转变有关:其中一部分要适用法律规则,其余部分则要适用普遍性标准,进行法律治理。若要用符合法律形式的指令来处理事务,法官就得具备专业技术能力。正是在这一方面,人们看到,司法人员只能在某种程度上掌握一些政治经济学之类的知识,而不能再有多大进步,情况实在不容乐观,他们应该为行政官

员所取代。

至于法官与行政官员共同负责法律的执行是不是法律制度的一种总体进步,下文将要予以研究,同时考察几个其他问题。

三、法律规则和标准—指令二元论对整个人为法体系的意义

如果我们用法律的执行方法体系和法律规则体系的对立,来代替我们迄今一直在考察的法律治理和法律实体之间的对立,可能更易于理解这种二元论的重要性。假设可以把全部法律归结为法律规则,有人势必会说,法律规则中的执行方法也是法律规则。不过,我们不认为一切法律均可归结为法律规则。即便追溯历史,人们也会自忖:是否始终存在着一个法律规则体系;在人类的原始时代,是否只存在与标准—指令类似的粗略的法律执行方法。现在,由于存在着法律规则体系,法律的执行方法便在很大程度上变成了适用法律规则的办法。但是,不应忘记,在人类数千年的历史
长河中,法律的执行方法本身可能曾经是相当完美的,可能曾经构 176
成了全部法律。这就是为什么宁可把法律的执行方法体系与法律规则体系对立起来。

再做些补充应当是适宜的。标准和指令这些法律的执行方法,本来只是所有判例和法律实践所使用的方法,应当从法律治理的角度来理解判例和实践。尤其应当这样理解:当法官、行政官员和懂诉讼者在判例和实践中执行蕴含在法律规则中的法律时,他们不仅要借助于这些规则的条文,还要借助于他们根据自己的自由裁量权所制订的标准和指令。最后,应当知晓,法律规则通常只

能由使用法律执行方法的法官、行政官员或主事的部长予以贯彻；这就是说，只能依赖他们构想出来的标准、指令和自由裁量权来贯彻实施。或许不应忽略公民自愿执行法律的情况；他们自己考量执行法律的分寸，一旦遇到困难、争议，或要完成公共任务，或要遵守一定的程序，即须求助于法官、行政官员、行家等。后面这些人物各有其职权和行事原则，亦即有其办事标准和指令。

总而言之，分析标准和指令，分析作出判例和开展法律实践的办法，使人更加认清了判例与法律之间或实践与理论之间的关系。这个主要问题需要明确：因为它不再仅仅涉及作出判例和开展实践工作的权力，而且涉及行使这些权力的行为方式。如果这些行为方式本身构成法的一个方面，那么，人们便可更好地判断法的这一方面的特性。由此，人们会更加确信，判例与法律相对

177 应，标准或指令则与法律规则相对应。

为了弄清两种法的相对重要性，没有比考察法制史更可靠的办法了。而且无须考察绵延不绝的整部法制史，只需选取几个片段就足以说明问题。

（一）法律执行方法体系由标准和指令组成，标准和指令由拥有自由裁量权的政治的或社会的权力机关所制订。由标准和指令所组成的法律执行方法先于法律而存在。极有可能，实际上与成文法混淆在一起的法律规则，出现得并不很早。毋庸置疑，法律规则的历史与民族的历史大体上同样悠久。每个民族很像是确立了法律规则体系之后不久便进入了文明时代，有人甚至认为民族形成在前。无论怎么说，各个民族都起源于遥远的史前时期；那时候，他们都生活在相机决定的、半宗教半法律性质的判例的支配

下，生活在理论上整个族群一致接受的习惯法的支配下，而实际上，整个民族的思想意识受到神职或世俗权势集团的严密控制。那时候还没有形成必须普遍遵守的法律规则，有的只是忒弥斯们[①]的神谕或能说会道的法师们向民族各部分成员、为每件事提供的独特训示。

在此，我们不妨回顾一下与我们关系密切的罗马法的起源。罗马在公元前8世纪才载入史册，罗马法的起源几乎可以说是一种原始法的起源。

我们主要是从彭波尼[②]的著名残卷中获知罗马法的概况（见其著作第一卷第二章“论法的起源”）。毫无疑问，不应从字面上理解他的著作，而应从中汲取大家认可的珍贵史实。我们发现，法律最初皆由大祭司集团掌管，并由其中若干成员在神圣祭典上颁布。178
大祭司都是世袭贵族。对民族中的其他人而言，法律都是神秘的。新生的城市没有确实的法令和法律。王政倾覆后，迫于平民阶层和护民官的压力，罗马共和国先后出现过两种披露法律的方式：首先，大约在公元前450年左右，将习惯法编订为《十二铜表法》[③]，公之于众。然后，克奈·弗拉维斯突破了大祭司集团立法活动的秘密，同时披露了立法日程表和受理诉讼的日期。克奈·弗拉维斯

---

① 原文为“Thémistes”。忒弥斯（Thémis），希腊神话中的女神，正义和秩序的化身，掌管法律，是提坦女神（Titanides）六姊妹之一。——译者

② 彭波尼（Pomponius），公元二世纪的罗马法学家，所撰民法论著，常为后世罗马法学家所援引。——译者

③ 《十二铜表法》（*les lois des Ⅻ Tables*），亦称《十二表法》。约公元前450年公布。因刻于12块大牌子上而得名。这是古罗马共和国的第一部成文法，常被视为欧洲法学的渊源。——译者

是一个被解放奴隶的儿子，当过阿庇乌斯·克劳狄乌斯·凯库斯[①]的秘书。最后，这两种披露法律的方式在T.科伦科尼乌斯当权时臻于完善。此人是平民出身的大祭司长，公元前274年担任过执政官。作为政府首席公开答疑官[②]，他创立了贤明派。该派通过对民法的解释、阐扬，构建了令人惊叹的法律规则体系，这就是我们今天常说的罗马法[参见吉拉尔(Girard)，《罗马法教程》(*Manuel de droit romain*)，第6版，第44—45页；E.库克(E.Cuq)，《罗马人的法律制度》(*Les institutions juridiques des Romains*)，第一、二版；J.德克拉勒伊(J.Declareuil)，《罗马与法律团体》(*Rome et l'organisation du droit*)，1924年]。

简略的历史回顾引起我们的几点反思：

首先让人想到的是，以私法为主的法律颁布，要比城邦或国家的建立晚得多。如果承认罗马城邦国家形成于公元前8世纪(不可能追溯得更早)，人们发现，民法和诉讼法在国家建立后5个世纪才得以完全公布。如此滞后的原因在于，罗马城邦国家初期是世袭贵族政体，而法律的公开化只能发生在民主制来临之后。据E.库克推测，这大概是因为，公布法律乃以保障平民在法律面前享有平等权利为目的。由于历史总是重演，现代各国最初也都曾是贵族政体，只是在民主政体到来后，颁布私法、编纂习惯法和法

① 阿庇乌斯·克劳狄乌斯·凯库斯(Appius Claudius Caecus)，古罗马政治家，盲人。公元前312年任监察官，前307年和296年任执政官，是推动罗马共和国向外扩张的决策人物，也是第一位拉丁语作家，作品有《讲演录》(*Discours*)和《道德格言》(*Sentences morales*)。——译者

② 首席答疑官，原文为"*le premier à publicè respondere*"。其中，"*publicè respondere*"为拉丁文，意为公开答复。——译者

典、开展议会立法等问题才走出危机,局面改观。就法国而言,民主制发轫于 1789 年的大革命,其间,开展了令人难以置信的大量立法活动,标志着法律规则体系的形成。纵览环观,事实确凿:无 179
论是古代还是现代,每个时期总要拖延至最后,才能形成各自的法律规则体系。在罗马,这用了五六个世纪;法国则用了 8 个世纪,如果将卡佩王朝[①]的开端当作国家起点的话。这种时间推算法使那些没有确实而稳定的法律规则体系制约、专靠当权者的判例来垄断法律的君主统治时期显得特别漫长。

第二个发人深思的问题是古罗马颁布法律的先后顺序。如果人们接受一种传统意见,认为以《十二铜表法》之名颁布习惯法的时间大约在公元前 450 年,而颁布关于诉讼程序的弗拉维安法[②]的时间大约在公元前 300 年。那么可以确认,当时的罗马公民,尤其是平民,在获悉法律文本之后,又容忍了 150 年,其间,仍然不知道诉讼程序。

此事有些奇怪,原因颇费疑猜。人们通常推断,这是大祭司和贵族们巧施谋略营造的一种结果:他们既然不能全部保留自己的法律垄断权,便力图至少一点一点地交出权力。然而,不能用这种计谋论来解释一切,比如,这不能解释贵族们为什么首先在编纂习惯法问题上让步,平民们为什么也首先要求编纂习惯法。看来,还有别的因素在起作用,尚需探讨。

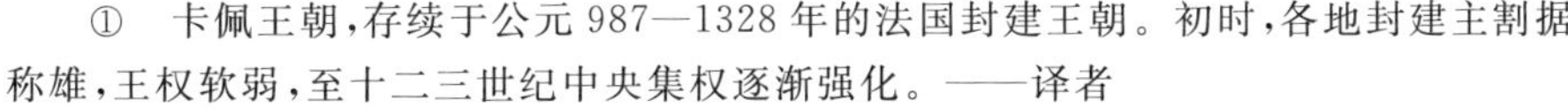

① 卡佩王朝,存续于公元 987—1328 年的法国封建王朝。初时,各地封建主割据称雄,王权软弱,至十二三世纪中央集权逐渐强化。——译者

② 此处原文为拉丁文“*jus flavianum*”。——译者

平民除了希望获得在民法面前的平等权利之外，自然首先要求编订习惯法，因为这必然会使法律规则变得确凿可靠，而这正是最为急迫的需要。欲了解诉讼程序，必须先了解法律规则。因为，确切了解了法律规则，可以设法避免打官司；同时，确凿可靠的法律规则才能成为长期的行动依据。不难理解，颁布法律规则可以
180 保障各种经济活动的安全，而这恰恰是正常生活的必要条件。在这之后，人们才会关心超出常规的生活，即争端和诉讼。可以说，法律规则的颁布本身即有助于使其变得确凿可靠；而确凿可靠的法律规则所产生的最大好处是使平民心理上觉得很公正，这种感觉则会支配平民阶层的行为。

再者，平民若要提起诉讼，便必须根据《十二铜表法》规定的严格形式，按照昔日的宗教性程序，特别要经过宣誓，对行为意图作出法律上的定性；而进行法律定性的困难，很可能促使平民百姓暂时同意保持诉讼程序的神秘性。说到底，这都是当时的标准和指令。当权者特别会利用技术性措施，以形式主义规则进行自卫。

上述第一个历史考察结论表明，自由裁量的审判制度不仅在史前时期实行数千年之久，而且在有文字记载的历史时期长期实行，很难通过颁布法律和诉讼程序，再把法律规则体系加于其上。

有人很可能会极力驳斥我们，说是在法律颁布以前，操纵法律的那些封闭性集团内部，业已形成了若干法律规则，比如，罗马法体系就是由世俗贤人详尽阐述，尔后由大祭司们认真加工的。但是，我们要提请大家注意，万勿忘记论题的限定范围。这里所说的法律规则体系，是指社会权力机构所宣示、公布和发表的全部规则，因而是可靠的、稳定的，同时是从外部强制法官、行政官员和各

种有裁决权的官员遵守、执行的，也就是说，要求所有执行法律的官员必须照办，作为对其自由裁量权的一种外部限制。显而易见，只要一种法律规则体系仍然由某个权势集团秘密执行，那就不会对这些权势人物的自由裁量权构成外部制约，最多只能形成一种内部约束。这不是什么异体制衡，而是自我限制，因而只是一种普 181
通的标准和指令。

实际上，在法律规则颁布之后，大祭司们拟订的许多规则极可能原封不动地保存下来；但在形式上，它们只是在颁布之前才属于自由裁量权支配下的指令，只是在颁布之后才变成了凌驾于自由裁量权之上的法律规则。

应当认为，许多人可能已经在优良的自由裁判制度下生活了很久，因为整个人类很长时间都生存在这种制度下。不过，应当说，从形式上看，执行法律的权势者拥有自由裁量权，其他人的权益就没有保障，那种制度显然是不合理的。

（二）如果人类从来就只经历过那么一种低级制度，就不会表现出如此卓越的法律才干。正是针对那种不受监督的自由裁量判例制度，帕斯卡说过这样一段著名的俏皮话：“正义、非正义都是随着天气的变化而相互调换性质；地球的南北极点改变三度就会推翻全部裁判惯例；划一条子午线就决定哪是真理……同一个法律因时因地而变异……滑稽可笑的正义原是一条封闭的死河，真理总在比利牛斯山[1]这边，错误则在那边！”（见《思想录》，雅克·舍瓦利耶编校，卷一，1925 年，第 126 页）。

① 比利牛斯山（Pyrénées），法国与西班牙的分界山，全长 430 公里。——译者

需要随时监督那些自由裁量的判例，而不能等到判例业已形诸文字、公之于众、纳入成文法体系，才发现它的瑕疵，筹划监督事宜。的确，任何时代都有习惯法，而且习惯法规则从来都要求强制性地限制执法者恣意妄为。不应否认，尽管习惯法是口耳相传的，但在某些时期、某些情势下，自由裁量判例也受到过一定的监督。从这一角度说，区分游牧时代和定居农业时代是适宜的。在游牧
182 时代，环境所迫，部落内部十分团结，人人享有很多权利，口头流传下来的惯例得到忠实坚守，习惯法能够传授给团体中的每一个人，使之真正熟悉了解。那时候的习惯法想必真会抑制法官和行政官员的蛮横专断。游牧时代在记忆中被美化成了一个虚幻的黄金时代，似乎提供了社会结构均衡的第一个典范。

但是，随着农业时代的到来，口传惯例的命运就变了。部落、氏族或其他团体渐次瓦解，人们分散耕作，专注于侍弄庄稼，慢慢荒疏了对记忆力的锻炼。人们对习惯法的记忆只剩下了对少数宽宏大量始祖的印象，而陷入后世执法者的控制之中。习惯法没有被用来监督执法者，反而变成了后者的一种新式统治工具，习惯法随之变得不明确、很神秘。所以，人民一旦争得政治自由，就要求以书面形式加以编订和发布。

万勿受到罗马教会的习惯法定义的欺骗，也别上共同使用[①]习惯法之说的当。如果共同使用意味着族群内所有人永远可以在实际生活中执行习惯法，那当然很好。但是，习惯法往往是由被认为熟悉它的法官来执行。为了确切掌握习惯法的内容，法官们有

---

① 此处原文为拉丁文“*usus communis*”。——译者

时不得不搞些调查研究。而这种研究又常常是在官员、工商业者、顶多是在名人显贵等狭隘的群体中进行。实际情况是，在古代，习惯法在以成文法的形式出台前夕，莫不是由法官拟就的。中世纪末期，我们法国奥依方言区[①]的习惯法也是由法官整理而成的。至于盎格鲁-撒克逊的普通法，历来由法官编订，迄今仍然受到法官自由裁量权的支配。

毋庸置疑，成文法注定只能由设于执法机关之外，且凌驾于执行机关之上的新式社会权力机关，即立法机关，予以提供和颁布； 183
只有这样的成文法才能创立胜过自由裁判惯例的法律规则体系，而且，判例不能不执行成文法。首先，成文法类似于上帝或神权向先知、智者和教长下达的启示和戒律。其次，成文法是世俗的，可以直接变成君主的意志或组成民众大会的平民的意志。关键在于，一方面，成文法是书面写成的，并发表、张贴在公众目力所及的板面上，诸如汉谟拉比法典石柱[②]、穆瓦兹律法板[③]和《十二铜表法》等；另一方面，成文法表达了一种凌驾于法官和其他所有执法者之上的权力的意志；而且，成文法是一种具备普遍性、超脱性和合理性的规范。

究其实，成文法是伴随着国家政体的出现而出现的。法律偶尔会走在国家政治结构的前头，一般是走在后头，但两者总是相伴

① 奥依语方言区(les pays de langue d'oïl)是中世纪法国卢瓦尔河(la Loire)以北使用奥依语(langue d'oœl)的地区，河以南为奥克语(langue d'oc)方言区。——译者

② 汉谟拉比法典石柱(*stèle d'Hammou Rabi*)，一译为《石柱法》。公元前 18 世纪古巴比伦王国国王汉谟拉比颁布法律的一个黑色玄武岩圆柱，1901 年发现。——译者

③ 穆瓦兹律法板(table de Moïse)，《圣经》中所说公元前 13 世纪的以色列预言家，其形象被描绘成头上长着两只角，手持律法板的白须老者。——译者

而行的。国家是一种合乎理性的社会政治结构制度，是对自发生成、理性不足的原始结构的继承。不过，合理的国家结构绝不是用暴力摧毁旧结构以后实现的，而是相反，是通过在原始政权之上叠合建立一种监督权力、在原始裁判体制之上叠合建立一种法律监督机构来实现的。中世纪末叶，通过恢复国王对封建领主政治权力的政治监督、创设监控领主裁判所的王国法院，使国家政体得以重建。国家是一个基础性概念，其主旨就是对一个民族的所有低级社会权力机构实施合理的政治法律监控。

建立了国家、制定了成文法之后，法律体系就变得复杂了，既包括为实施法律而自由决定的标准—指令这种初级成分，又包括具有普遍监督作用的成文法这种中级成分。此种复杂性还因为成
184 文法本身的情况而日趋严重。成文法的执行，需要执法机关的介入，尤其需要法官的介入。成文法与法官之间的平衡极端脆弱，这最终决定着国家法制的质量。成文法支配、监督着法官，为之设定行为界限，因此，也就限制着法官往昔享有的自由裁量权。然而，反过来，法律要得到落实，又需要法官对之作出解释，而法官的解释或多或少都是他自由作出的。所以，法律本身在一定程度上又受到法官的支配。既然成文法与法官相互限制、相互监督，二者之间便应探讨符合理性和现实的正确配合。

幸亏将成文法规则体系叠建在为实施法律而自由决定的标准—指令之上，国家制度便带给法律以根本改进；而这激起了往往是十分过分的狂热。在许多人看来，法律中只有法律规则体系，别无其他；自由裁量原则被弃置不顾。柏拉图在《斐多篇》中借苏格拉底之口对法律的愤怒抨击，时隔那么多个世纪，又在法国大革命斗士谈论“公正法律”的慷慨演说中得到响应。法律被捧得很高，并且精心发展了一套法律理论，将全部法律仅仅归结为法律规则，使一切权力都从属于法律规则，坚决否认自由裁量权的任何法律功效。

为了反驳上述偏激主张，只须回忆一下法自身的历史就够了。自大革命以来，成文法的至上地位日渐衰落，与此相反，自由裁量权却日渐复兴，终至两种权力之间重建了新的平衡。

当然，法国大革命期间，人们似要采取一切预防措施，力图永远确保法律的至上地位并束缚法官的手脚。然而，铁板一块、固结自存的制度是从来没有的。

这种革命性的法律观念，以及为了使法律的至上地位永世长存而虚构的法律理论，建筑在如下基础上。

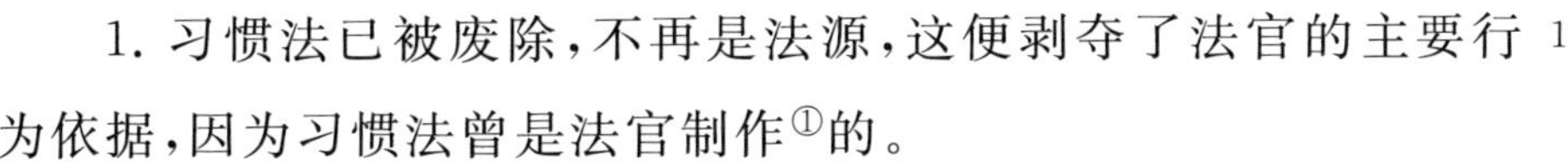

1. 习惯法已被废除，不再是法源，这便剥夺了法官的主要行 185
为依据，因为习惯法曾是法官制作[1]的。

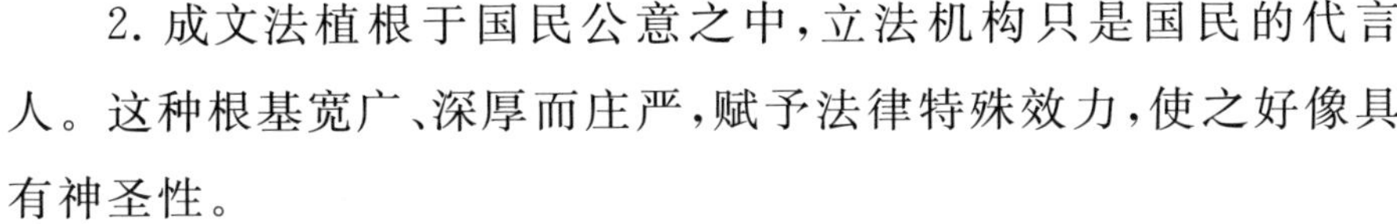

2. 成文法植根于国民公意之中，立法机构只是国民的代言人。这种根基宽广、深厚而庄严，赋予法律特殊效力，使之好像具有神圣性。

3. 不是司法机关负责制定顺利实施法律的一般细则；相反，禁止司法机关这么做。最初，共和三年[2]以前，由历届国民议会本身拟订实施它们自己所立法律的指令训示。自共和三年起，由行

① 此处原文是拉丁文“*judge made*”。——译者

② 共和三年：法国大革命期间，推翻王权后改元，1792—1804 年实行共和历。1794 年 9 月至 1795 年 8 月为共和三年。——译者

政机关负责制定规章条例，确保法律的落实。行政权是被委任的，严格从属于立法权的，后者才是全体国民的唯一真正代表。只有这样如果规章条例与法律相抵牾的话，国民在政治上才有把握使行政权驯服顺从，而且，可以通过法律途径，废止行政机关的规章条例。

4. 倘若在适用法律的过程中发生争议，则提请普通法院解决，而此类法院是分为上诉法院和最高法院的。它们的权限均由最高法院规定并监督执行；最高法院的使命就是使各级法院遵守法律，并毫不留情地粉碎那些违反法律的裁断和判决。

最高法院自身也必须严格执行法律条款，并可撤消一切明显不合常理的条文，但它无权解释法律。如果必须对法律中的某个条款作出解释，它必须通过紧急审理程序，向立法机构提出申请。

几乎没过一个世纪，保护法律的那些防御措施就被摧毁了。无须我们详细叙述司法权和行政权逐渐摆脱立法权束缚的那段历史，此事已由弗朗索瓦·热尼在其《私法解释方法》中精彩地完成了；约瑟夫·巴尔特雷米的著作则具有异曲同工之妙（见《论立法
186 者对法律的解释》，载《公法杂志》，1908；《论政府对其理应保护执行之法律的背离》，1907）。

这里，我们只想指出演变的结果。

(1) 谈及司法机构挣脱法律束缚的情况，就要提到 1837 年 4 月 1 日的法律。该法颁施后，紧急提请立法机构解决争端的事情就绝迹了；有了矛盾均需在既定的时间交由政府处理。该法规定，一旦最高法院与上诉法院之间发生意见冲突，那么，受理上诉的第三家法院必须按照最高法院的意见进行审理。这就是说，最高法

院的裁判自由似乎可在对法律的解释中找到依据，这无疑是承认最高法院仍然拥有一定的自由裁量权。自1837年起，尽管最高法院的建制不完善，也没有完整的司法权，行动受到限制，但它的自由裁量权还是在不断扩大。结果，直到目前，民法又被成堆的判例遮盖起来，以致民法工作者对判例要比对民法本身关心得多。

（2）同样的命运也落到了作为执行条例的法律头上。这种法律越来越多地附有国家行政机关用以补充甚至修改此类法律的规章条例。不消说还有许多带着行政解释的部长训令。当事人对这种规章条例要比对法律文本重视得多。在这里，自由裁量权又随着掩盖了法律条文的大量标准、指令的出现而恢复了活力。

（3）尤其糟糕的是，从政治和宪法的视角看，关于法律反映国民公意的信念受到了损害。一些无视传统观念的人站了出来，表示要打破幻想谎言，断定法律只是表达由若干统治者聚合而成之国民议会多数派的意志；因此，从其来源看，法律没有任何神圣性。

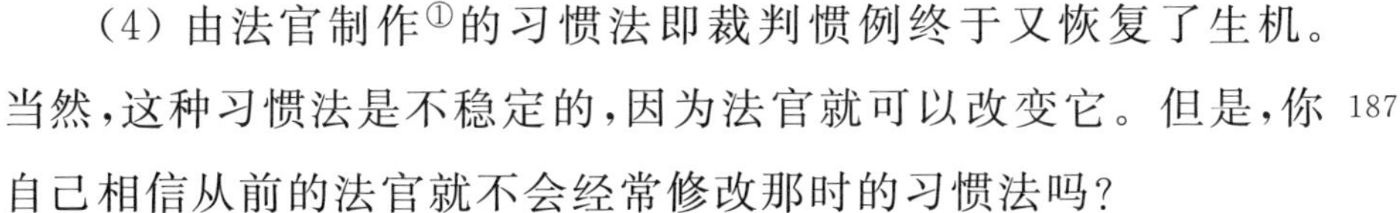

（4）由法官制作[①]的习惯法即裁判惯例终于又恢复了生机。
当然，这种习惯法是不稳定的，因为法官就可以改变它。但是，你 187
自己相信从前的法官就不会经常修改那时的习惯法吗？

这就是目前的状况；我们还只是做了很有节制的描述，色彩未免有些阴暗。这就是为什么有人会谈论“法律的危机”。说实话，只是那些把法律捧得太高的人才会觉得危机严重。危机仅仅使法律回归其应处的位置，以确凿可靠和普遍适用的法律规则来发挥

① 此处原文是拉丁文“*judge made*”。——译者

其监督和平衡功能，而自由裁量的判例却是不可靠的、特定的。当然，并非全部法律都有危机，只是法律体系中的某一平衡因素出了纰漏。因法律的地位提升过分猛烈而被打破的平衡状态，须通过自由裁量判例的地位缓慢回升而重新建立。

（三）现在看来，主要由合法的法律规则和自由裁量判例保持平衡状态而构成的法律体系，如果没有一种专司监督和调整这一基础性平衡状态的权威，则法律体系是不完备的。难道平衡就是指法律和判例平分秋色，从而使平衡变成相等吗？难道在让自由裁量判例发挥平衡作用的同时，还要让法律支配判例吗？而这，不就是法国的理论观念吗？难道应当反过来，按照盎格鲁-撒克逊的理论观念，让判例支配法律吗？还有，解决这些重大问题的权威究竟是什么？它根据什么理由解决问题？

上述根本性的问题促使我们审视法学家的作用以及作为其指令的法律原则。

1. 首先谈谈法律原则。我们要谈的法律原则，是指那些支配法律本身的重大公正原则，而不是指那些适用于若干特定问题的普通规则或诉讼格言［对此，请参阅艾蒂安·佩卢（Etienne Perreau）很有意义的研究著作《私法裁判技术》，卷一，1923，第148
188 页等关于传统规则的论述］。那些普通规则和诉讼格言是与传统相联系的，而且是随着形势的演变而演变的。很晚才发展起来的那些重要公正原则却是与理性相联系的，一旦“破土”而出，便会像持久存在的合理组织——国家一样，得到持久适用。无论适用与否，这种公正原则都是跟自然法规则直接关联的，具有自然法规则的完美性质。

此类原则有两个异常惹人注目的例证。一个是不当得利原则，最初似乎来自这样一个普通生活规则："没人能靠损人获利"。"不当得利"之说为判例所采用，且成了支配全部实体法的一个普遍原则，这应归功于拉贝不屈不挠的努力［见最高法院诉讼案卷，1889 年 7 月 11 日，载判例汇编 90.1.97，由拉贝（Labbé）解释；1892 年 6 月 15 日，载判例汇编 93.1.281］。第二个是权利滥用原则，它的来源之一是处世箴言"不可无法无天"①；其另一来源或许是由"无利不起早"的常理演变而成的"没有好处就不会合理合法地行使权利"的说法［参阅让·布雷特（Jean Brethe）在判例汇编 1925.1.127 中对 1924 年 5 月 7 日和 11 月 24 日上诉案的解释］；它的第三个来源很可能是"任何事情都有正规、不正规之分的理性观念"。上述两大原则先是被司法裁判采纳，继之变为诉讼理由，如今已为整个法学理论所接受，产生了汗牛充栋的相关作品，图书目录中可以找到当代所有著名民法学家的名字。

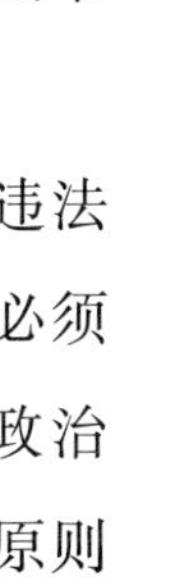

这些公正原则究竟凭什么资格成了合法性元素并被当作违法之诉的理由？依我看，它们乃是一种超级合法性的成分，而且必须像"法律不溯及既往原则"那样载入成文宪法。当然，这不是政治宪法的原则，而是社会宪法的原则，跟个人自由、家庭、财产等原则地位等同。这也是合法贸易的宪法原则，涉及两种基本情况，即等价交换和权利的正当行使。

2. 法律原则是法学家最喜爱的武器。正是依靠这种武器，明 189

① 此处原文是："*Malitiis* non est *indulgendum*"。其中，"*Malitiis*"为拉丁文，意为恶行，不良行为；"*indulgendum*"为拉丁文，意为沉迷、投入。——译者

智的法学家们时而对判例、时而对法律进行着权威性的指点。在现代，为客观形势所推动，他们关注判例甚于关注法律。19世纪初，法学家全都跑去研究法律，致力于注释、解说工作。而现在，他们大都在注解司法判例。工作重心的这种变化不仅是由于判例繁多，与时俱增，尤其是由于判例的创制权也在日益扩大。法学家们将更多的活动用于判例而非立法，反而使之感觉更多地分享了法律创制权。立法活动已经成了纯粹的政治事务，政府的法律草案已经不再咨询最高行政法院，国会议员的提案更是即席制作，根本不请法学家帮忙。而且，法律写得越来越糟，也就是说，往往只是为了某种推测而立法，留给法官的自由裁量权越来越大。法官不得不削足适履，将法律"改编"得适合成千上万未曾预料到的情况。凡此种种都凸显了判例和判例评注汇编者的业绩和重要性。学者们发表的论著，无论是民法方面的，还是其他方面的，都越来越多地援引判例。

毋庸置疑，判例与法学理论相结合乃是不可阻挡的趋势。古罗马贤明派的解说[①]构成了当时判例的主要成分；关于盎格鲁—撒克逊强大法律体系的整个学说，也是其判例的基本元素。应当承认，如果法学家能够不受约束地进行科学研究，认真分析社会关系，定会有益于正道直行，掌握实情，对法官根据各类实际案件所做的分析提出中肯的意见。因此，这样的研究绝不会是徒劳无功的。

可以说，应由法学理论指导判例，判例再对法律作出解释。

① 此处原文为拉丁文"*interpretatio*"。——译者

那么，这是不是说，要让法律作出牺牲，法学理论会在法律与判
例的平衡关系中蓄意偏袒判例？绝不是，恰恰相反，法学理论会 190
以法律原则为手段，在合法性这一高级层面上维护法官的自由裁
量权。

至此，我们得出的结论大体上与弗朗索瓦·热尼及其学派的结论相似。这表明，热尼所著的《私法解释方法》一书的出版，在法国法学史上是一个多么重大的事件。

研读了里昂比较法研究所的论著，使我进一步确信，法官的所谓“大法官权”，其实不是别的，只不过是法官的自由裁量权。他们利用这种权力规定一套方式方法，然后依靠这些方式方法创立法律，即制订标准和指令。

这一研究重新使“权力自我限制”理论受到尊重，该理论原是法律的基础之一。因为，我们看到，标准和指令源自权力的自我限制；同时，由于标准和指令本身具有持久存在的倾向，这便有助于强化自我限制。

不消说，已决案件的权威性仅限于本案；这是因为，这就是具体案件中的法律[①]。但是，这种针对一个案件的法律(droit)，其实是一种指令(directive)，亦即法律规则的胚芽。这种指令具有扩张潜力，有可能适用于同类案件；对此，相关办事官员不会搞错。于是，一个制订得好的指令就可能被推而广之，普遍适用，构成第一个判例。

此外，这项研究有可能使我们更好地了解法律体系的建构。

① 此处原文为拉丁文“*concreto*”。——译者

（1）底层是标准和指令，这是负责执行法律的各种社会权力机关，在从业实践和解决争端的过程中，进行权力自我限制的初级产品。

（2）它上面一层是成文法规则，或者说是法律，其功能是监督和约束那种按照自己的标准和指令作出决定的自由裁量权，同时为社会提供更具普遍性、更易理解和更加稳定的行为规范。由于
191 法律本身需要判例来执行、适用，这就能达成判例和法律之间的某种实际平衡；这种平衡可使二者分享自由裁量权。

（3）为了维持这种平衡状态，在法律的上述两个基本层次之上，还有法律原则和法理学说的双重权威力量。

在法律体系中最高层的支配力量是原则，其他层次均建立在权力基础之上，因为，法律和判例同样是自由裁量权的产物。相反，在原则这一高级层面，我们只能发现纯粹的思想观念。这些思想观念力图通过法学理论的说服、渗透，通过裁判惯例的组织、安排，化为若干具体的法律制度。

情况就是如此：自我限制的意识和思想观念的支配力联合发挥作用，促使我们论述的社会运动由权力领域向制度领域发展。

这种发展前景超出了里昂研究所那些论著的内容，但应归功于那些论著。幸亏萨努里发现了这一表面看来微不足道的事实：法官和行政官员利用自己的自由裁量权，制定了处事标准和指令；这些标准和指令具有明显的法律特征，却又不同于立法机关所制定的法律，但在实践中仍旧是发挥法律的作用。这进一步证实了热尼的有力论断：“并非所有法律都体现于立法机关所制定的法律

中。”有些违法行为并非违反国家法律，法官和行政官员的越权过失即属此类。这是因为，他们不是依据国家法律，而是依据产生于权力自我限制意识的指令来要求自己：行事合情合理，努力谋求公益，举止中庸适度，待人礼貌诚实[1]。按照《法学阶梯》的说法，这才是自然法的第一规则。

① 此处原文为拉丁文“*quod decet, honeste vivere*”。——译者

译名对照表

A

Abel	亚伯
Achille	阿基里斯
Adan	亚当
Al Sanhoury	阿尔・萨努里
Al Sanlloury	阿尔・桑卢利
Althusius (Johannès)	阿尔特胡修斯
Appius Claudius Caecus	阿皮乌斯・克劳迪乌斯・凯库斯
Ariel	阿里尔
Arnolt	阿诺尔特
aurignacien	奥瑞纳文化的

B

Bacchus	巴克斯
Ballin (Herr)	巴林
Barthélémy (Joseph)	巴尔特雷米
Bergson	柏格森
Bernard (Claude)	贝尔纳
Bluntschli	布伦奇利
Borgia	博尔吉亚
Borgias	博尔吉亚家族
Boule (Marcelin)	布尔

Boutroux	布特鲁
Brown (Halfred)	布劳恩

C

Caïn	该隐
Caliban	卡利班
Cankar (Ivan)	参卡尔
capétiens	卡佩王朝的;卡佩家族的
Capitant	卡皮坦特
Caullery	科勒里
Chaldeens	迦勒底人
Chaldée	迦勒底
Chalmers-mitchell	查默斯-米切尔
Chevalier (Jacques)	舍瓦利耶
Caraibe	加勒比人
Code civil	民法典
Comanche	科曼奇人
Commune	公社,市镇
Comte (Auguste)	孔德
conseil des Dix	十人委员会;十人会议
Conseil d' État	参政院;最高行政法院
contrat commutative	实定合同(契约)
contrat synallagmatique	双务合同(契约)
Cooper (Fenimore)	库珀
Cornil (Georges)	科尼尔
corps constitue	法定社会团体
Corunconius (T.)	T. 科伦科尼乌斯
Coulanges (Fustel de)	库朗热
Cousin (Victor)	库赞
Crète	(希腊)克里特岛

Cumont	古蒙
Cujas (Jacques)	居雅斯
Cuq (E.)	E. 库克

D

darwinisme	达尔文主义
Dastre (A.)	A. 达斯特
Davy (Georges)	大卫
Delaware	特拉华人
de Vrîes	德弗里斯
Droit naturel	自然法
Droit positif	人为法
Droit subjectif	主观法
Droit objectif	客观法
Druide	德鲁伊特教祭司
Duguit (Léon)	狄骥（莱昂）
Durkheim	涂尔干

E

el Araby	艾尔·阿拉比
Euripide	欧里庇得斯
Evans (Arthur)	埃文斯

F

Favre-Gilly	法夫尔-吉利
Ferrero	费雷罗
Fichte	费希特
Flavius (Cneius)	弗拉维斯

G

Gastine-Renette	加斯廷-雷奈特

Gaulois	高卢人
Gény	热尼（M. F.）
Gierke (Otto)	基尔克
Grasset	格拉塞
Grotius (Hugo)	格劳秀斯
Guarani	瓜拉尼人
Guaranis	瓜拉尼
Grenoble	格勒诺布尔
Guillaume	纪尧姆

H

Haeckel	海克尔
Haldane	（英）哈丹
Hector	赫克托尔
Hobbes	霍布斯
Hoffher (René)	奥菲
huguenot	胡格诺派

I

Iliade	伊利亚特，伊利昂纪
Ilion	伊利昂

J

Jeanne d'Arc	圣女贞德
Jellinek	耶里内克
Jhering	耶林
Jupiter	朱庇特

K

Kelsen (Hans)	凯尔森

Krupp(Bertha)	克虏伯

L

Labbé	拉贝
Laband	拉邦德
La Chapelle-aux -Saints	拉沙佩尔·奥圣
Lachelier	拉舍利耶
Lamarck (Jean-Baptiste de Monet)	拉马克
Lambert (Edouard)	朗贝尔
Lavisse (Ernest)	拉维斯
Le Dantec	勒当泰克
Linné (Carl)	林奈

M

Machiavel	马基雅维利
magdalénien	马格德林文化的
Malberg	马尔堡
Mason	马松
Mendel	孟德尔
Méyère	梅耶尔
Michel-Ange	米开朗基罗
Minerve	密涅瓦
Minoens	米诺斯文化时期
Mohican	莫希干人
Mommsen	蒙森
Montaigne (Michel Eyquem)	蒙田
Morin (Gaston)	莫兰
Morlaix	莫尔莱

N

Nemrod	宁录

néanderthal	尼安德特人
Noé	挪亚
Nordenfelt	诺登费尔特

O

Osiris	奥西里斯

P

Papinien, Papinianus, Aemilius	帕比尼安
Pascal (Blaise)	帕斯卡
Paul	保罗
Pelletier	佩尔蒂埃
Pérette	佩雷特
Phédon	斐多篇（柏拉图的对话）
Phidias	菲迪亚斯
Platon (G.)	G. 柏拉图
Poincaré (H.)	H. 普安卡雷
Pomponius	彭波尼
Pound (Roscoë)	庞德
Praxitele	普拉克西特利斯
Proudhon	蒲鲁东
Pufendorf	普芬道夫

Q

Quatrefages	卡特勒法热

R

Rabelais (Sainte Thérèse de)	拉伯雷
Racine	拉辛
Rathenau (Walter)	拉特瑙

Redslob (Robert)	雷德斯洛布
Ribot (Th.)	Th. 里博
Rousseau	卢梭

S

Samuel	萨谬尔
Saturne	萨图恩
Savigny	萨维尼
Saxelby	萨克斯比
Scheidemann	谢德曼
Seth	塞特
Sherman	谢尔曼
Sioux	苏人
Socrate	苏格拉底
Sophocle	索福克勒斯
Stein	斯泰因
Stofflet	斯托夫雷
Suarez	苏亚雷斯

T

Thémis	忒弥斯
tribunal des conflits	权限争议法庭
Troeltsch (Ernst)	特洛尔奇
Tuc d'Audubert	图克斗杜贝尔

U

Ulpien	乌尔比安

V

Vattel	瓦特尔

Virgile	维吉尔

W

waldech-Rousseau	瓦尔德克-卢梭
Wassernann	瓦赛曼
Worf (Christian)	沃尔夫
Wundt (Wilhelm)	冯特

译 后 记

作者莫里斯·奥里乌(Maurice Hauriou,1856—1929)是一位具有一定国际声望的法学家,法国团体法学派的代表人物。他与法国社会连带主义法学派掌门人莱昂·狄骥(Léon Duguit,1859—1928)活动于同一时代,但各立门户,相互辩难。狄骥主张社会成员合作、团结、驯顺,一心对国家尽义务,而莫争个人的自由和权利;奥里乌则强调个人自由、个人权利,认为国家须与个人遵守同样的法律和道德规范。20世纪中叶以前,狄骥在法国内外,包括在中国,颇受青睐,其著作传播似较奥里乌为广。然时移世易,最近数十年,历史变迁又让世人更多地想起了奥里乌的见解。对中国今天的广大读者而言,乍看这部80多年前的著作似也不乏新鲜之感。

本书由作者的六篇文章节录萃取而成,被编为两部分,每一部分有三章,每章围绕一个中心问题展开论述。全书涉及面较广,所谈问题较多,旁征博引了英、德、意、西、拉丁等多种文字的古今观点,个别段落前后衔接稍嫌突兀。这虽给翻译带来若干繁难,却也使人视野有所拓展,应当说不是一件坏事。作者对个人主义的内涵,法律的实质,个人的自由、权利与社会秩序之间的互动关系,社会团体的历史地位,权力监控的意义和途径,等等,均从自己的角度作了比较独到而详尽的阐释。书中辟专节批评了狄骥、凯尔森等流派。凡此种种，读者自有是非判断。

下面，从翻译角度作几点说明。

1. 书中所引法文以外文字的词语，我们大多在注释中加以说明。

2. 作者的原注照译不误。虑及我国读者的需要，凡比较生僻、中文文献中不易查找或阙如、不了解其含义又妨碍理解原著的人或事物，我们都作了一个尽可能简略的注释，并注明“译者”字样。

3. 本书第一章专论自然法在德国的遭遇，述及不少德国的人和事。翻译过程中，远在德国的司焱·黑德尔(Siyan Riedel)和安德里亚斯·黑德尔(Andreas Riedel)提供了诸多帮助，在此谨致谢忱。

鲁仁

2011年2月17日(元宵节)

于山东社会科学院

图书在版编目(CIP)数据

法源:权力、秩序和自由/(法)莫里斯·奥里乌著;鲁仁译.—北京:商务印书馆,2024
(汉译世界学术名著丛书:120年纪念版:珍藏本:增订本)
ISBN 978-7-100-23729-1

Ⅰ.①法… Ⅱ.①莫…②鲁… Ⅲ.①法律—研究 Ⅳ.①D90

中国国家版本馆 CIP 数据核字(2024)第 077508 号

汉译世界学术名著丛书
(120 年纪念版·珍藏本·增订本)
法源
——权力、秩序和自由
〔法〕莫里斯·奥里乌 著
鲁仁 译

商 务 印 书 馆 出 版
(北京王府井大街 36 号 邮政编码 100710)
商 务 印 书 馆 发 行
北京市十月印刷有限公司印刷
ISBN 978-7-100-23729-1

2024 年 5 月第 1 版 开本 710×1000 1/16
2024 年 5 月北京第 1 次印刷 印张 13
定价:72.00 元